L'ÉTRANGE FIN DU XXe SIÈCLE

Prévisions astrologiques
par Huguette HIRSIG

avec la collaboration de Nicole Chenut
pour le calcul des aspects
planétaires et des tableaux des
directions

DELACHAUX & NIESTLÉ

du même auteur :

Les âges de la vie (l'influence des cycles planétaires dans la vie humaine de 7 à 84 ans) — Éd. Leméac, Montréal 1972

Guide astrologique des 12 signes zodiacaux, pour l'enfant, l'adulte et le 3e âge — Éd. Éclair, Montréal 1976

Astropsychologie (l'influence des cycles planétaires dans la vie humaine de 7 à 84 ans) — Éd. Stanké, Montréal et Paris

Guide de l'astropsychologie — Éd. Marabout - Coll. Marabout Service

Ne bois plus s'il te plaît ou comment vivre avec un alcoolique — Éd. Libre Expression, Montréal

Solitude ou comment vivre sa solitude — Éd. Stanké, Montréal

Prévoir par l'astrologie (transits - lunaisons - éclipses) — Éd. de Mortagne, Boucherville

Dépôt légal : 2e trimestre 1981
Bibliothèque nationale du Québec
Bibliothèque nationale du Canada

Note liminaire

C'est depuis 1977 que nous avons entrepris de suivre l'évolution de la politique mondiale, parallèlement aux prévisions astrologiques que nous avons établies alors et qui couvrent toute la fin du XXe siècle.

Nous avions entre autres prévu :

— la montée du prix de l'or pour 1978;
— la crise du pétrole;
— les perturbations du système monétaire;
— la date du référendum québécois;
— la remontée des nationalismes un peu partout dans le monde;
— les transformations religieuses de la Pologne en 1978-79, ses aspirations à une plus grande autonomie et les risques qu'elles impliquent;
— pour le début de 1981 : « De profondes modifications ou la mise en place de structures nouvelles dans les milieux politiques et gouvernementaux français », ce que vient de confirmer l'accès au pouvoir du parti socialiste de M. Mitterand.

Nous pouvons dire maintenant que les 20 prochaines années sont sans commune mesure avec tout ce que nous avons vécu au cours de ce siècle, ni avec ce qui se passera après l'an 2000. C'est comme une gigantesque parenthèse au cours de laquelle les conditions économiques, sociales et politiques vont changer à une vitesse vertigineuse, surtout de 1981 à 1993. Nous vivons dans un monde en pleine transformation, sans être prêts nous-mêmes à y faire face.

Quelles tempêtes allons-nous affronter? et comment?

En 1980-81, une conjonction Jupiter/Saturne se répétant trois fois dans des conditions anormales ouvre une période de 20 ans qui n'a pas de précédent dans l'histoire du monde. Nous avons essayé d'en démêler les éléments complexes.

C'est le fruit de nos réflexions que nous vous présentons ici.

L'astronomie montre que la vérité scientifique n'est pas absolue, et qu'on ne doit l'accepter que dans la limite de la précision de l'expérience, et qu'elle évolue avec les perfectionnements apportés dans la technique instrumentale...

Astronomie, Encyclopédie *Quillet*, 1953.

Avant-propos

Il y a une sorte de fascination à aborder un nouveau millénaire. Prononcer « l'an 2000 » fait déjà rêver. Et l'on comprend la grande angoisse des gens du Moyen Âge au seuil de l'an 1000. Pourtant, ces dates sont sans fondement scientifique, car on ne sait quand a débuté le calendrier de l'ère chrétienne : à la naissance du Christ ? à sa mort ? quatre ans auparavant ? quatre ans après ? Les historiens ne s'accordent pas sur le sujet, et nous continuons à « dater » les événements de notre vie et ceux de l'histoire de l'humanité à partir de bases aussi fragiles.

La marche des astres est immuable, véritable horloge qui scande l'évolution de la Terre et celle de l'humanité.

Ces mouvements planétaires nous éclaireront sur le cours des événements dans le monde durant les vingt dernières années de notre siècle.

Fin de siècle étrange, en effet, qui se dessine dans un ciel agité de configurations planétaires rares, bizarres même, dont certaines n'ont pas de précédent dans l'histoire connue de la Terre. L'astrologue devra donc élaborer des pronostics sans référence à des événements antérieurs.

Cette étude analysera les cycles planétaires, les conjonctions des planètes lourdes et leurs aspects respectifs, l'entrée des planètes lourdes dans les signes zodiacaux de 1981 à l'an 2000, certaines éclipses et, enfin, le survol de l'ère du Verseau.

Nous serons ainsi à même de préciser l'évolution de la situation économique, politique, sociale et culturelle de notre monde d'ici l'an 2000.

à Roger Garceau

Chapitre I

La précession des équinoxes

De l'ère des Poissons à l'ère du Verseau

La précession des équinoxes[1] est l'un des arguments chers aux détracteurs de l'astrologie. Pour bien comprendre la précession des équinoxes, il faut distinguer « les douze constellations zodiacales, de longueur inégale, des douze signes zodiacaux » qui, eux, sont des « champs de force », même s'ils portent les mêmes noms.

On pourrait comparer le zodiaque à deux ceintures superposées, divisées en 360 degrés, larges de 18 degrés environ, dont l'une se déplacerait très lentement autour de l'autre qui demeurerait fixe. Ainsi, au bout d'un temps déterminé (la précession des équinoxes représente environ 25 765 ans), elles se superposeraient exactement.

L'ère chrétienne, imaginée au VIIe siècle par saint Denys le Petit et basée, selon les uns, sur la naissance du Christ — ou trois ans avant — ou encore, selon les autres, sur la mort du Christ, coïnciderait avec l'ère des Poissons, tandis que nous serions entrés, ou sur le point d'entrer, dans l'ère du Verseau.

En réalité, l'ère des Poissons a débuté au moment de la découverte de la précession des équinoxes par le Grec Hipparque de Nicée. Le plus célèbre astronome de l'Antiquité a vécu probablement vers l'an 140 avant J.-C., alors que les signes et les constellations du zodiaque se superposaient exactement. Si l'on compte que nous changeons d'ère tous les 2 147 ans[2] environ, le passage de l'ère des Poissons à l'ère du Verseau devrait se faire à la fin de notre siècle, soit vers 1993. Mais tout cela demeure

---

[1] Voir Appendice 1, page 156.

[2] 25 765 ans divisés par 12 = 2 147 ans et 1 mois.

vague, car nous sommes en train de passer d'une ère à une autre et, pour la première fois dans l'histoire connue de la Terre, l'humanité tout entière va percevoir et vivre ce grand changement.

L'ère des Poissons a été vécue surtout sur le plan idéologique, mystique et religieux, aussi bien par les Occidentaux que par les Orientaux; quand les idéologies n'étaient pas religieuses, elles étaient nationalistes, matérialistes, raciales, politiques et arrivaient toutes à un même but: le combat pour le triomphe des objectifs.

L'humanité a vécu ses dualismes ou ses pluralités avec violence, conformément à la nature double du signe des Poissons. Dans les meilleurs moments de ce bimillénaire, on atteignit à la coexistence pacifique ou plutôt non belligérante; on exalta aussi la notion de «sacrifice» de la morale chrétienne au point d'amener des populations entières à exister dans des conditions inhumaines de sous-développement, sans révolte, en faisant miroiter des «paradis après la mort». On retrouve ce phénomène tant chez les chrétiens que chez les Arabes, chez les Hindous, chez les «primitifs», dans le culte des ancêtres chez les Chinois, dans les harakiri chez les Japonais. On retrace ce goût et cette valorisation du sacrifice chez des gens sans motivation religieuse; pour ces êtres, le sacrifice dédié «à la cause» pouvait être politique (nazi, fasciste, communiste, anarchiste), patriotique, pacifiste ou de toute autre nature.

Pendant plus de 2000 ans, les hommes ont vécu en fonction d'idéaux impossibles à atteindre concrètement, selon leur cœur et leurs émotions, rarement en fonction de leur intelligence ou de leur raisonnement; on peut excepter un petit nombre d'êtres plus conscients, plus terre-à-terre ou plus inspirés, qui devenaient les chefs de file de l'humanité pour son heur ou son malheur.

Les foules de l'ère des Poissons avaient besoin de chefs, d'instigateurs, de modèles: de grands prêtres ou de grands hommes de guerre, de grands politiciens, de grands artistes, qu'on adula jusqu'au milieu du XXe siècle. C'est à ce moment que les savants et les philosophes ont rejoint, dans le vedettariat, les autres célébrités.

Avec l'*ère du Verseau,* les choses vont changer et l'on s'en rend déjà compte. D'un signe de «nature double», nous passons à un signe de « nature fixe » et, d'ores et déjà, on pressent cette « uniformisation » de l'humanité. D'une civilisation idéaliste et sentimentale, nous passons à une civilisation plus intellectuelle, ce qui ne veut pas dire plus intelligente. Si les humains réagissaient jusqu'alors selon leurs aspirations et leurs émotions, ils réagiront dorénavant en fonction de connaissances acquises et indiscutables qu'on leur aura instillées plutôt qu'ils ne les auront comprises et assimilées.

Avec l'ère du Verseau, nous entrons dans un monde de connaissances et de communications, mais hélas ! de connaissances « pré-digérées » et orientées, programmées par l'informatique. Au lieu d'une ère de liberté et de profonde évolution individuelle, on risque de vivre, en son début tout au moins — c'est-à-dire en son premier siècle — une ère de dirigisme intellectuel, politique et économique.

Il n'en peut être autrement, car la surabondance des connaissances scientifiques et générales actuelles ne permet à l'être humain de se faire une idée synthétique ni de son présent ni de son avenir; sa vision nécessairement fragmentaire du monde ne peut en faire au mieux qu'un excellent spécialiste.

Devant la force écrasante et merveilleuse des moyens mis à la disposition de l'être humain par la recherche scientifique, et à cause de la croissance continue de ce potentiel, l'homme, pour maîtriser ses connaissances, devra trouver dans son cerveau même les ressources propres à y parvenir. L'homme du Verseau devra découvrir ses propres énergies, s'il veut maîtriser le monde. L'homme trouvera en lui-même sa réponse au cours des prochains siècles. Les recherches portant sur le cerveau humain, sur les pouvoirs et la perception extra-sensoriels, la parapsychologie, sont parmi les éléments essentiels tout aussi bien de la survie que du progrès de l'humanité.

L'ère du Verseau sera celle de la connaissance, de la pleine utilisation et de la maîtrise de l'énergie, sous toutes ses formes (concrètes et abstraites, connues et encore inconnues). Grâce à une extension de l'utilisation de son cerveau, l'homme jouira d'un meilleur contrôle de soi et pourra utiliser des ressources instinctives et intuitives encore inconnues.

En astrologie, le signe de Verseau est conditionné par

l'influence de la planète Uranus, elle-même l'octave supérieure de Mercure. Toujours dans la même discipline, Mercure représente entre autres choses l'intellect, le système nerveux central, la faculté d'apprendre et de raisonner; tandis qu'Uranus réfère à l'intuition, au système nerveux sympathique, à l'ingéniosité, au sens inventif. Durant l'ère du Verseau, significatrice d'Uranus, l'homme vivra toutes les ressources de son intelligence créatrice, sans limite, et, maître de sa propre énergie et de ses propres pouvoirs, il parviendra à dominer toutes les forces universelles de l'énergie naturelle.

L'ère du Verseau sera celle des *découvertes,* des transformations, de l'*unicité*, de l'individualisme et de l'universalité (l'Unité fondue dans le Tout, le Tout concentré dans l'Un). Au cours de ces deux millénaires, l'homme comprendra qu'il ne fait qu'un avec l'univers, qu'il en est à la fois dépendant et indépendant et qu'ils sont indispensables l'un à l'autre. Il rejoindra alors la pensée d'Hermès Trismégiste : « Ce qui est en haut est comme ce qui est en bas, afin que Tout ne soit qu'Un. »[1]

Notre propos cependant n'est pas de découvrir les qualités de l'homme de demain, mais de comprendre la transition de l'ère des Poissons à celle du Verseau, et comment nous allons la vivre en ce dernier quart du XXe siècle, sur le plan économique, politique, culturel, écologique, et selon certaines réalités géographiques (locales).

[1] Selon la Table d'Émeraude, de Hermès Trismégiste.

Chapitre II

De 1978 à l'an 2000 : le grand schéma

Les grands cycles planétaires qui jalonnent le temps sont essentiellement de deux natures.

Les cycles sont formés par les planètes elles-mêmes, de leur point de départ à 0 degré lors de leur entrée dans le signe du Bélier, jusqu'à leur accomplissement total du cercle zodiacal, 360 degrés plus loin, à la fin du signe des Poissons. Ce cycle régulier varie de 27¼ jours pour la Lune à 236 ans pour celui de Pluton, dans l'ordre suivant :

les luminaires :

- la Lune, 27¼ jours
- le Soleil, 365¼ jours

les planètes intérieures ou petites planètes :

- Mercure, 365 jours environ
- Vénus, 365 jours environ
- Mars[1], 660 jours environ

les planètes extérieures ou planètes lourdes :

- Jupiter, 12 ans environ
- Saturne, 29 ans environ
- Uranus, 84 ans environ
- Neptune, 168 ans environ
- Pluton, 236 ans environ

Nous ne tiendrons compte ici que des planètes extérieures qui influent surtout sur la marche du monde sur le plan social, économique et politique.

---

[1] La planète Mars est comptée dans les petites planètes à cause de son cycle court, bien qu'elle soit « extérieure » par rapport à la Terre.

Ces cycles planétaires sont divisés en deux : un *demi-cycle ascendant* et un *demi-cycle descendant*. Le demi-cycle ascendant correspond au passage de la planète dans les signes de « printemps-été » : Bélier, Taureau, Gémeaux, Cancer, Lion, Vierge. Pendant que la planète traverse ces signes, elle a une influence maximum sur la vie active des domaines qu'elle gouverne; par exemple, Jupiter, l'économie; Saturne, la politique; Uranus, les sciences et découvertes; Neptune, les idéologies et religions; Pluton, les destructions et reconstructions.

Le monde est alors en effervescence, actif : des événements surgissent; il se passe des choses, bonnes ou mauvaises. Ces « matérialisations » sont plus ou moins fortes selon que le transit se fait en signes positifs (Bélier, Gémeaux, Lion) ou en signes négatifs (Taureau, Cancer, Vierge).

Quand les planètes « transitent » leur demi-cycle descendant[1], c'est comme si elles allaient se « ressourcer », qu'elles prenaient alors une connotation plus idéalisée que réalisée. Ce sont des périodes où le monde « fait le point », où l'on élabore des théories, où l'on fait le bilan des réalisations passées, en cherchant à en tirer les leçons utiles. On cherche à comprendre, à analyser en profondeur la valeur réelle des résultats acquis. On passe de l'âge des réalisations à l'âge de la réflexion. Pourtant, rien n'est immobile : tout continue à fonctionner, mais à un autre rythme; on crée moins, on découvre moins, pendant qu'on utilise au mieux les créations et les découvertes du passé récent.

L'étrange fin du XXe siècle

Il est intéressant de noter que les trois plus « lourdes » planètes — celles dont le cycle est le plus long — Pluton, Neptune et Uranus, sont toutes dans leur demi-cycle descendant et y demeurent au delà de l'an 2000. Pluton y est entré le 6 octobre 1971 et n'en sortira que 120 ans plus tard approximativement. Neptune, elle, a franchi le seuil du signe de la Balance pour la première fois le 4 octobre 1942 et ne terminera son demi-cycle descendant que

[1] En passant dans les signes d'automne-hiver, de la Balance aux Poissons.

83 ans plus tard environ, tandis qu'Uranus l'a commencé le 28 septembre 1968 pour le terminer 42 ans plus tard environ, c'est-à-dire vers 2010.

Nous allons étudier comment ces planètes vont évoluer au cours des 20 prochaines années, passant lentement d'un signe zodiacal à un autre, déterminant ainsi des changements profonds sur le plan politique, social et économique, que nous allons tenter de préciser.

Pluton

D'octobre 1971 à novembre 1983
Du 19 mai au 28 août 1984 : Pluton dans le signe de la Balance

Du fait de son mouvement elliptique, Pluton connaît des périodes d'accélération et des périodes de ralentissement; actuellement, il est dans sa phase rapide, ce qui explique que le sextile qu'il forme avec Neptune depuis 1955 va demeurer actif jusqu'en 1988, alors que son influence ne s'étend guère d'habitude sur plus de 5 ans. Même s'il s'agit ici d'un aspect planétaire relativement mineur, il n'en demeure pas moins qu'en de nombreuses circonstances au cours de ces années, il continuera à agir comme un élément modérateur dans les grandes crises que le monde a traversées depuis 1955 et qu'il continuera à subir au cours des prochaines années; il peut être comparé à une légère passerelle franchissant un abîme. Il aura permis à notre monde de trouver des négociateurs et des conciliateurs pour éviter le pire dans les tensions que nous avons connues jusqu'ici : « guerre froide » entre les É.-U. et l'URSS dans les années 1950; tension entre la Chine et l'URSS dans les années 70; médiation de l'Égypte dans les affaires d'Israël et des pays arabes; médiation de l'Algérie; conflits maintenus localisés malgré les dangers qu'ils représentaient pour la paix mondiale : Afghanistan, Iran; douloureuse fin de la guerre du Viêt-Nam; conflits africains.

Pluton se trouve dans le signe de la Balance dès octobre 1971 et il y demeure jusqu'en novembre 1983, pour y revenir — après une brève incursion dans le signe du Scorpion — de mai à août

1984. Pluton, on le sait, est l'octave supérieure de Mars la belliqueuse: il est le réformateur, celui qui détruit pour reconstruire. Au signe de la Balance, comme on l'a vu, on attribue en général une influence pacifiante: c'est surtout le signe des alliances et des traités et l'on peut dire sans crainte de se tromper que durant ces années (de 1971 à 1984), on assistera à de profondes transformations au sein de certaines alliances internationales, principalement entre octobre 1982 et juillet 1983, alors qu'on pourra voir d'anciens alliés entrer en conflit et, inversement, d'anciens adversaires se rapprocher: serait-ce un nouveau marché de dupes comme l'alliance germano-russe de 1939?

Une autre étape importante, plus proche celle-ci: la conjonction Jupiter/Pluton du 2 novembre 1981 sera sans doute génératrice — entre l'automne 1981 et le printemps 1982 — de modifications profondes au sein d'alliances économiques, de marchés communs; il semble vraisemblable aussi qu'on légifèrera en matière de monnaie internationale: des accords économiques de premier plan, des réformes monétaires sont probables durant cette période. On légifère aussi en matière de droit spatial.

Du 6 novembre 1983 au 18 mai 1984
Du 29 août 1984 au 10 novembre 1995: Pluton au Scorpion

Pluton conserve son rythme rapide puisqu'il traverse tout le signe du Scorpion en une douzaine d'années seulement. Il prend une force particulière dans ce signe zodiacal: sa puissance de destruction et de reconstruction s'en trouve accrue. Il est heureux que le sextile Neptune/Pluton continue à exercer son influence lénitive jusqu'en 1988, ainsi que nous venons de le dire en page précédente, et que dès 1989 et 1990 Saturne prenne la relève d'un sextile avec Pluton, limitant durant ces années la gravité des crises et des conflits; par contre, en 1993 et 1994, une triple dissonance (quadrature) Saturne/Pluton, respectivement en mars, octobre 1993 et janvier 1994, déterminera une aggravation dramatique de la situation politique internationale.

Toutes les années de 1983 à 1995 au cours desquelles Pluton demeurera dans le signe du Scorpion pourront correspondre à une augmentation de la moyenne de mortalité, à tous les âges, à une recrudescence de malformations ou à certaines modifications génétiques, aussi bien animales qu'humaines. L'accumulation des déchets et de la pollution obligera à recourir à une intensification des recherches dans les domaines du recyclage des déchets et de la régénération des eaux usées. On fera de plus en plus de recherches aussi dans le domaine de la génétique. Exploration du fond des océans. Progrès majeurs dans l'utilisation de l'hydrogène comme source d'énergie, mais recrudescence d'accidents dans son utilisation. Très grands problèmes d'approvisionnement en eaux potables. Si les maladies cardio-vasculaires et rénales sont en récession, on assiste par contre à une plus grande mortalité due aux affections des organes génitaux et du rectum, et à de plus grands risques de mortalité de nouveau-nés. Découvertes concernant les mécanismes de la mort et de l'après-mort. Recrudescence de l'activité des industries de guerre et des industries navales (surtout sous-marines).

Aggravation probable des charges fiscales : lourdes taxes probables pour les détenteurs d'or, surtout en 1991; mesures gouvernementales entraînant alors une baisse de l'or, ou d'autres mesures restrictives concernant l'or.

Du 11 novembre 1995 à 2007-2010 environ : Pluton dans le signe du Sagittaire

De 1995 à 2000, durant son passage dans le signe du Sagittaire, Pluton ne forme que des aspects harmoniques avec les autres planètes « lourdes », sauf une quadrature à Jupiter au printemps 1998. On peut donc dire que durant ces cinq ans, on assistera surtout à des effets positifs de ce passage, principalement sur le plan idéologique, tant religieux que politique; on peut comprendre ainsi que l'on verra se lever de véritables réformateurs, fougueux, enthousiastes, déterminés à prêcher une nouvelle forme de relations internationales. On édifie de nouvelles institutions internationales, avec des chefs dotés de pouvoirs très étendus; on essaie de nouvelles idéologies, on cultive l'enthousiasme, on construit de nouveaux principes religieux; la terre semble animée de profonds élans; des philosophies nouvelles s'imposent, on parle partout de reconstruction; on rénove, on baigne dans une certaine exaltation qu'on n'avait plus connue depuis longtemps; qu'en résultera-t-il de concret?

On découvre de nouvelles sources d'énergie, d'une puissance inégalée jusqu'ici; c'est dans le domaine des fusées, des voyages interplanétaires qu'on réalise des progrès inouïs. Comme on a maîtrisé l'atome antérieurement, c'est le feu qu'on est près de dominer: on pense au phénix qui renaît de ses cendres. Des phénomènes de transmutation.

Au printemps de 1998, puis à l'automne de l'an 2000, on déchante un peu. Des expériences se révèlent très coûteuses. Des philosophies, des idéologies commencent à révéler leurs failles, et il y a des conflits entre augures.

Neptune

De novembre 1970 à janvier 1984
Du 24 juin au 21 novembre 1984: Neptune au Sagittaire

Durant tout son passage dans le signe du Sagittaire, Neptune est soutenue par une sextile de Pluton, et elle va le demeurer jusqu'en 1988, ainsi que nous le relations plus haut. Cela veut dire que les grands courants de pensées nouvelles, tant au point de vue religieux que philosophique, loin de n'être que pure imagination, s'accompagnent d'idées précises de réforme, de régénération, et que même dans les périodes de plus grande confusion percera constamment un indice de logique et de cohérence. Et ce sera le cas surtout en octobre 1981 et en octobre 1982, lorsqu'il s'agira de tenter de mettre de l'ordre pour améliorer la situation économique mondiale et de faire le point sur certains accords commerciaux ou douaniers, notamment en matière de pétrole. En 1982, à l'automne, il s'agira surtout de trouver des terrains d'entente pour régler des problèmes politiques liés au pétrole. En 1981 et 1982, on verra aussi s'intensifier les échanges politiques et économiques avec les pays de l'Est. On planifie pour des contrats de longue durée, mais il n'est pas certain que la réalité confirme ces bonne intentions. Progrès dans la lutte contre la pollution et dans la fertilisation de déserts.

Du 20 janvier 1984 au 29 janvier 1998
Du 24 août 1998 au 27 novembre 1998 : Neptune au Capricorne

Neptune la mystique dans le signe éminemment politique du Capricorne, c'est indiscutablement le réveil d'idéologies, de gauche surtout. On sait en effet que Neptune a des analogies avec le communisme, système politique qui à l'origine s'opposait violemment au pouvoir religieux, auquel il s'est substitué, le Parti remplaçant l'Église, les directives et la discipline étant aussi fermes dans l'un que dans l'autre. On voit se lever de nouveaux prophètes politiques qui tentent de renforcer la puissance politique de la gauche; inversement, on constate un réveil de la puissance politique de certaines églises ou de certains groupements religieux. On entre alors dans cette période que je décris par ailleurs comme devant marquer le retour de certaines élites, décidées à régenter le monde, où l'on verra de nouveau une nette démarcation entre le peuple et le pouvoir.

Cette orientation vers la gauche, particulièrement forte jusqu'au seuil de 1988, sera bientôt battue en brèche par l'entrée d'Uranus, la révolutionnaire de droite, la planète chère aux dictateurs, dans ce même signe du Capricorne, juste après que Saturne y soit entrée aussi, au seuil de 1988. Saturne va demeurer au Capricorne jusqu'en janvier 1991 tandis qu'Uranus y restera jusqu'en avril 1995.

Le passage simultané de ces trois planètes dans le signe hautement politique du Capricorne est suffisant pour dire que toute la période de 1988 à 1995 va être la plus importante de ce siècle sur le plan de la politique mondiale, véritable chaudron où se forgeront les structures politiques de l'avenir. Que de luttes, d'affrontements entre factions contraires, que d'illusions, d'idées généreuses, d'intérêts sordides, de sacrifices inutiles, de restrictions à la liberté et au libre choix. C'est là aussi qu'on mesurera tout le poids écrasant des contraintes économiques, sociales et politiques imposées par l'usage abusif de l'informatique, et du dirigisme qui en aura résulté. L'homme de la fin du XXe siècle est un véritable apprenti sorcier, qui manipule une technique de pointe (tout en étant manipulé par elle), technique dont il n'a pas la maîtrise et dont il ne peut entrevoir encore toutes les conséquences; l'impasse des années 1988 à 1993 sera révélatrice à ce propos.

Donc, dès 1988, l'influence de Neptune au Capricorne sera quelque peu modifiée par l'influence saturnienne — de 1988 à 1991 — qui révélera les limites et la partielle impuissance des milieux politiques de gauche et de certaines églises à réaliser les objectifs qu'ils prônaient depuis 1984: de vieux chefs sont éliminés, parfois avec violence, pour donner leur place à de nouveaux venus qui ne tarderont pas à se révéler de véritables dictateurs sous l'influence du passage d'Uranus au Capricorne. En même temps, on verra les milieux d'extrême droite ressurgir pour réclamer leur part de puissance politique : on assistera à des affrontements à l'échelle planétaire, surtout au moment de la conjonction Uranus/Neptune, exacte en 1992 et 1993. On sait que cette configuration est décisive, qu'elle marque une lutte à finir entre blocs de gauche et blocs de droite, entre blocs qui paraissent épuisés par les longs affrontements commencés en 1988 et 1989; si l'on veut éviter un autre conflit (possible en particulier encore en 1993 et 1994), il conviendra d'essayer de parvenir à un motus vivendi dans les délais les plus brefs, c'est-à-dire au cours de 1992; sinon, on verra se prolonger pour quelques années encore les graves difficultés politiques que notre monde vient de traverser.

S'il devait y avoir des problèmes de famine dans certaines régions du monde, c'est de 1988 à 1991 qu'ils devraient être les plus graves; connaissant ces échéances, les organismes internationaux devraient être en mesure de les prévenir.

Durant ces mêmes années, on peut s'attendre à des gelées ou à des inondations, ou à des sécheresses, selon les réalités locales, particulièrement destructrices de récoltes. On devra redouter aussi des dégâts dus à des destructions de puits de pétrole ou de gaz naturel.

En 1992-93, possibilité de nouvelles ressources naturelles d'énergie, soit en puits de pétrole, soit en gaz naturel; nouvelles techniques ou nouveaux produits énergétiques tirés de la terre; nouvelles sources de production d'électricité; large utilisation des rayons laser ou d'autres formes de rayonnement, d'ultra-sons.

Toutes les connaissances techniques font des progrès de géant. Et cela se poursuit jusqu'en 1997.

Du 30 janvier 1998 au 23 août 1998
Du 28 novembre 1998 à 2012 approximativement :
Neptune au Verseau

Neptune la mystique et la romantique dans le signe imprévisible du Verseau, il y a de quoi se poser des questions, d'autant plus qu'Uranus l'y précède depuis 1995, et s'y trouve dans son propre domicile. Neptune n'est guère à l'aise dans le Verseau : son romantisme s'y exacerbe, mais pas au point de lui permettre de s'adapter à la société résolument futuriste qui se prépare en ce moment. Son influence peut tout au plus se traduire par une certaine forme de démagogie vouée à l'échec, du moins dans les deux dernières années de ce siècle; elle doit céder le pas au modernistes : on ne rêve plus, on pense et on rend la pensée aussi efficace que possible en apprenant à mieux utiliser et à mieux contrôler les cerveaux. Les idéalistes et les mystiques doivent céder le pas aux savants, ou justifier scientifiquement leurs valeurs. Il y a cependant des avantages dans cette démarche car l'on parviendra précisément, au long de ces années, à expliquer naturellement des phénomènes que l'on disait occultes, et des croyances que l'on traitait d'imaginaires.

On apprend à connaître les mécanismes de l'intuition et des connaissances intuitives; on fait des progrès majeurs dans la connaissance du fonctionnement du conscient et de l'inconscient. Il y a peu de frontières aux connaissances du fonctionnement du cerveau de l'homme, et de ses pouvoirs, au cours de ces 14 années.

Uranus

Du 18 février au 21 mars 1981
Du 17 novembre 1981 au 15 février 1988
Du 28 mai au 2 décembre 1988 : Uranus au Sagittaire

Uranus demeure pendant près de 7 ans dans chaque signe zodiacal; lorsqu'il passe dans le signe du Sagittaire, comme c'est le cas actuellement, il apporte des éléments nouveaux, et de l'imprévu, conformément à sa nature, dans les relations internationales : il modifie certaines alliances, provoque des ruptures inattendues, remet en question des frontières, modifie les relations diplomatiques, modifie des accords internationaux et des traités, de même que certaines juridictions internationales; grand remue-ménage aussi dans les milieux diplomatiques et les grands organismes internationaux, mondiaux. Cela ne règle pas automatiquement les problèmes, mais cela entraîne un certain mouvement qui n'est pas toujours sans charme.

Cette configuration permet de prévoir des progrès majeurs ou des changements importants dans les problèmes liés aux voyages spatiaux et interplanétaires : transformation dans la juridiction spatiale et aéronautique. Techniques nouvelles en aéronautique et dans le domaine des fusées et de l'informatique, mais qui risquent de n'être mises en application qu'après 1996.

Tout au long de ces années 1981 à 1988, on peut redouter un plus grand nombre d'incendies et d'accidents causés par des courts-circuits.

On verra poindre des philosophies nouvelles, très audacieuses (transformations aussi des règles de certaines religions). Rajeunissement et modernisation des cadres et des principes dans les partis politiques de droite.

Du 16 février 1988 au 27 mai 1988
Du 3 décembre 1988 au 1er avril 1995
Du 10 juin 1995 au 12 janvier 1996 : Uranus au Capricorne

Uranus le rénovateur et le révolutionnaire dans le signe de la politique : en d'autres temps, cela permettrait de prévoir une atmosphère politique survoltée, mais actuellement, l'influence d'Uranus n'est pas totale, car Saturne (de 1988 à 1991) et Neptune (de 1984 à 1998) le précèdent dans le Capricorne, ainsi que nous l'avons décrit plus haut.

Nous ne parlerons donc ici que des éléments nouveaux de ce transit uranien : brusques volte-faces de certains politiciens, évictions brutales et inattendues de certains ministres ou députés, attaques et attentats contre des personnages politiques; il y a beaucoup d'électricité et de tension au sein de certaines assemblées gouvernementales et l'on verra plus fréquemment que d'habitude des désordres, des échauffourées et des manifestations politiques. La contestation pourra atteindre à la violence, surtout dans les années 1988 à 1991. Mais il est possible que ces luttes ne se confinent pas sur le plan national et que les affrontements soient internationaux, créant inquiétude, agitation, insécurité et cela jusqu'en 1993-94 même (avec une détente possible en 1992, comme je le disais plus haut, si les hommes sont assez sages pour saisir ces occasions).

Pénurie possible d'énergie électrique dans certains pays, de 1988 à 1991, ou destruction de centrales électriques. Recrudescence de catastrophes aériennes et de tremblements de terre durant ces années; contamination possible de certaines terres par des accidents atomiques (?), surtout en 1988 au moment de la conjonction Saturne/Uranus.

Du 2 avril au 9 juin 1995
Du 13 janvier 1996 à 2002 : Uranus au Verseau

Uranus entre dans son propre signe pour finir le siècle. Son influence va être très forte, car elle n'est interférée par aucune autre planète. Cela veut dire sans doute que pour la première fois les humains vont vraiment sentir qu'ils sont au seuil de l'ère du Verseau, qu'ils vivent dans un monde en transformation, qu'une nouvelle civilisation se précise. Peut-être que l'approche de l'an 2000 n'est pas étrangère à cette frénésie de vivre dans un monde nouveau. Oh !, ce n'est pas l'âge d'or, mais le sentiment d'une liberté nouvellement acquise après les dures décennies 80 et 90. On a le goût de penser à soi, de vivre pour soi, d'affirmer son indépendance, de construire du nouveau. On verra sans doute, sur le plan économique, commencer à foisonner les coopératives et les syndicats. Mais tout cela est fragile et il ne faudrait pas trop se faire d'illusion sur les résultats obtenus : dès l'an 2000, comme je le dis à la fin de cet ouvrage, on sera obligé d'en revenir, pour une quarantaine d'années, à des vues plus réalistes et plus traditionnelles en matière d'économie. Ce ne sera qu'après 2040 que l'on pourra s'engager sans risques dans une économie résolument d'avant-garde.

Pour le moment, à partir de 1995 et jusqu'à la fin du siècle, on veut surtout favoriser une certaine liberté d'action après les contraintes passées; l'improvisation est reine, et cela donne les résultats que cela peut donner.

On prône un individualisme complet : on aime, mais on se veut libre, et l'on se sent seul. On est à la recherche de tout : de soi, d'un monde plus beau, d'une vie plus comblante, mais on veut tout avoir très vite, trop vite et l'on se sent désenchanté. Mais l'optimisme revient vite. Un siècle est mort, vive le nouveau !

Le cerveau dévoile ses mystères, l'intuition prend de plus en plus de place comparé à la raison : on « s'informatise » de plus en plus, mais on maîtrise mieux ces techniques qui font partie de la vie courante et l'homme est plus conscient de ses pouvoirs cérébraux.

Dès 1997, on se décidera sans doute à favoriser des spéculations financières hardies qui risquent de faire beaucoup de dupes. C'est sans doute pourquoi, dès 2000, on redeviendra plus prudent et plus conservateur en matière économique.

Pour Jupiter et Saturne, planètes au rythme relativement rapide, les demi-cycles s'accomplissent respectivement tous les 6 ans et les 14¼ ans. Voici les conclusions que l'on peut en tirer.

Jupiter et ses demi-cycles

Jupiter est dans son demi-cycle ascendant de septembre 1987 à septembre 1992, puis à partir de février 1999.

Il est dans son demi-cycle descendant d'août 1980 à août 1987 et d'octobre 1992 à janvier 1999.

Donc, pendant les demi-cycles ascendants, on a une économie active — ce qui ne veut pas dire favorable — où les marchés, les indices de prix, l'inflation ou les récessions s'accélèrent, s'amplifient.

Ce sont des années de haute flambée, de hausses et de baisses massives. Les gens sont exaltés ou inquiets. Il n'y a ni sécurité, ni stabilité; tout est soumis à de brusques fluctuations. Il est rare que les gouvernements entreprennent de grands projets ou de grands travaux publics, à ce moment; ils sont plutôt comme des capitaines acharnés à garder la situation en main au milieu d'une tempête : on pare au plus pressé, on essaie de louvoyer aussi souplement que possible, en tirant avantage des chances qui se présentent et en minimisant les risques et les aléas.

Rien de stable ne peut être édifié en de tels temps; on se contente de vivre au jour le jour, d'agir et de réagir au gré des circonstances et de se montrer opportuniste.

Lorsque Jupiter accomplit son deuxième demi-cycle, c'est-à-dire, dans le futur, d'août 1980 à août 1987, puis d'octobre 1992 à janvier 1999, l'économie se stabilise. Les théoriciens prennent la place des praticiens, les marchés se calment — soit à la hausse, soit à la baisse — selon les configurations que reçoit Jupiter à ce moment-là, et que nous analyserons plus loin.

On « pense économie » à tous les niveaux; les gouvernements édictent des lois et prennent des mesures pour contrôler les mouvements monétaires et les fluctuations boursières, commerciales et industrielles.

On crée des commissions pour analyser la situation et trouver des solutions; on fait appel à des spécialistes qui scrutent les faits, élaborent des projets spécifiques, émettent des recommandations. Tout cela prend du temps; durant ces recherches, la situation économique stagne plus ou moins car les marchés sont plus sages et les populations s'inquiètent moins ou se résignent mieux à ce qui leur paraît inéluctable.

Dans l'analyse que nous ferons de chacune des années prochaines[1], nous préciserons l'allure générale de l'économie, non seulement en fonction de ces grandes tendances, mais aussi en fonction des aspects planétaires qui renforceront ou annihileront partiellement des directions fondamentales.

Saturne et ses demi-cycles

Demi-cycles ascendants	*Demi-cycles descendants*
De 1910 à 1921	De 1921 à 1936
De 1936 à 1951	De 1951 à 1967
De 1967 à 1980	De 1980 à 1996
De 1996 à 2010 environ	

---

[1] Voir page 57 et suivantes.

Saturne est dans son demi-cycle *ascendant* depuis mars 1967 et y est demeuré jusqu'en août 1980. Il en reformera un autre à partir d'avril 1996.

Donc, de septembre 1980 à mars 1996, il accomplit son demi-cycle *descendant*.

Pendant le demi-cycle ascendant, on voit la politique entrer dans une *phase active*, où sont vécus intensément les problèmes politiques et sociaux. Les foules se sentent impliquées et manifestent, participent, réagissent, contestent : elles entendent que l'on compte avec elles.

Il est difficile d'être politicien à ce moment, car il faut agir, prouver, réaliser... ou disparaître; il n'y a pas de place pour les hésitants, les tièdes, ni pour ceux qui tergiversent. Ce sont des années de politique active et non rêvée. C'est pourquoi les luttes, les tensions, les conflits sont violents; les régimes passent, sont mis au défi. Gare aux faibles !

Cela ne signifie pas que les plus forts sont les meilleurs. Au contraire, on voit des régimes « forts », qui sont en réalité « durs », prendre le pouvoir en de tels moments, et le perdre assez vite.

Dans ces années, on a un grand nombre d'attentats politiques, de bouleversements sociaux et de guerres.

Pendant le demi-cycle descendant de Saturne, la politique redevient plus calme.

Des grands affrontements, on passe aux grandes conférences; on discute beaucoup, on cogite, on élabore des politiques de soutien, on panse les plaies, on se fait « ami-ami » avec les anciens ennemis. On tente la coexistence plus ou moins pacifique; on essaie de ne pas trop perdre dans les négociations en cours; on tente de consoler les grands « ténors » de la politique d'hier en leur décernant des titres pompeux dans des fonctions soigneusemet neutralisées. Et le monde attend, devient plus conservateur. Pendant ce silence apparent, on se remet doucement à tramer de nouvelles intrigues, on tente de timides provocations, on se réarme et on perfectionne ses munitions, en prévision de la prochaine turbulence mondiale. Les jeunes loups de la nouvelle politique aiguisent leurs dents et leurs griffes, et c'est l'éternel recommencement.

Y aura-t-il des changements durant les vingt prochaines

années? Nous le verrons lors de l'analyse de chacune de ces étapes[1].

Uranus et ses demi-cycles

Demi-cycles ascendants	*Demi-cycles descendants*
1844-1885	1885-1928
1928-1968	1968-2009 environ

Pour les planètes au rythme très lent, les changements ne s'opèrent pas seulement aux demi-cycles, mais chaque fois que la planète change de signe zodiacal à l'intérieur de ce demi-cycle; nous étudierons ces modifications très précises dans les chapitres consacrés à chaque année[2].

Uranus a de fortes implications sur les sciences, les découvertes et les brusques changements d'orientation de l'humanité.

Dans son demi-cycle ascendant, Uranus entraîne toujours l'application d'un fourmillement d'idées, de concepts et de découvertes.

Le monde vit alors un mouvement accéléré; on n'arrête pas de trouver des applications nouvelles à une multitude d'inventions connues, mais peu ou mal utilisées. C'est un véritable « boum » de machines, de techniques, d'innovations plus ingénieuses les unes que les autres et dont on trouve l'application dans tous les domaines.

L'industrie puise ses forces vives dans le cerveau des ingénieurs qu'elle exploite à fond: pas le moindre brin de génie qui ne trouve son utilisation; on produit, on produit, on produit, avec la plus totale fantaisie. Le monde vit sans se préoccuper de son avenir, dans une certaine anarchie; il y a une rage de vivre qui peut conduire aux pires extravagances. Les politiciens ne mènent pas le monde; les techniciens et les intellectuels donnent le ton au monde entier.

---

[1] Voir chapitre V, page 57 et suivantes.
[2] Voir chapitre V, page 57 et suivantes.

Saturne et le monde politique

Demi-cycles ascendants	*Demi-cycles descendants*
Mars 1967-septembre 1980	Septembre 1980-avril 1996
Avril 1996-	

Saturne, qui effectue sa révolution autour du zodiaque en un peu plus de 29 ans, est en pleine phase ascendante, laquelle a duré jusqu'en septembre 1980; elle atteindra alors son point culminant, pour commencer son demi-cycle descendant, actif jusqu'en avril 1996.

Saturne est pour nous la planète la plus importante puisqu'elle régit toute la vie politique de notre monde. On lui a souvent prêté une influence défavorable, alors qu'elle ne fait que refléter nos carences, nos erreurs dues à trop d'orgueil, d'ambition, de témérité, de volonté, de puissance, ou au contraire à trop d'atermoiements ou de lâcheté. Comme tout autre corps céleste dans le système solaire, Saturne a des vertus et des faiblesses ; il est un gage de sérieux, de solidité, de stabilité, mais sa fermeté est aussi un gage d'inflexibilité; c'est pourquoi il donne une impression de sévérité et de punition implacable. Il symbolise de façon remarquable le principe du « choc en retour » qui nous fait recevoir la juste récompense ou l'exacte punition des gestes que nous avons posés.

Saturne est donc la solution de continuité, l'héritage du passé, le résultat des efforts que l'homme met à se construire et à construire la société dans laquelle il vit. Saturne est principe de solitude, de la pire des solitudes, qui ne désengage pas du milieu dans lequel on se développe, vit et meurt. La solitude de l'homme prisonnier de son corps, de ses habitudes, de ses désirs, de ses qualités, de ses faiblesses, de ses attachements à sa famille, à ses amours, à son travail, à des idéaux, aux contingences de sa vie matérielle et sociale, à ses opinions politiques, à ses convictions religieuses; à tout ce qui, à ses yeux, justifie sa propre existence.

Dans sa structure physique même, Saturne[1] reproduit cette

[1] On a découvert récemment qu'Uranus aurait également des anneaux.

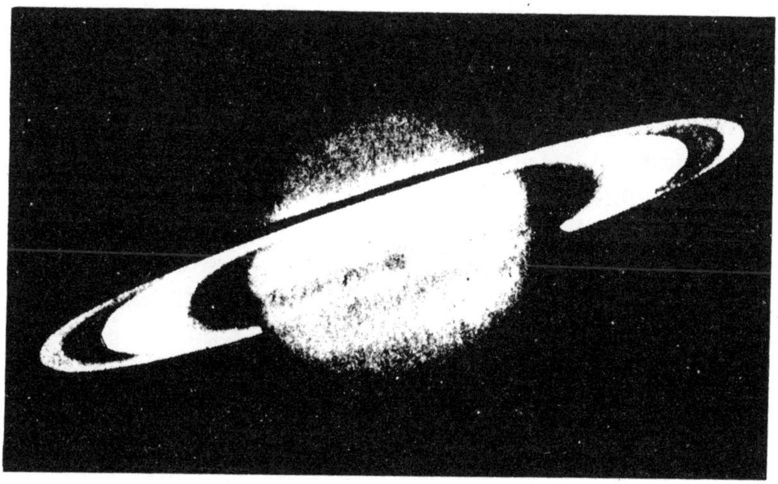

prison, puisqu'il est seul, dans notre système solaire, à s'entourer d'anneaux d'une telle importance.

Dans un thème astrologique individuel, Saturne représente donc les limites de l'homme, celles qu'il s'impose comme celles que la société lui impose, et qu'on peut comparer aux territoires que se délimitent les animaux dans la nature. Sur le plan mondial, cette planète représente, entre autres, les structures sociales et politiques, les gouvernements que les hommes se donnent. Sur le plan physique, elle représente la terre : les plaines arables comme les déserts, les vallées comme les montagnes, le sol comme le sous-sol et les mines qu'il renferme.

C'est pourquoi, lorsque Saturne forme avec d'autres planètes des « aspects harmoniques », le monde connaît des périodes de prospérité et de calme, d'équilibre politique et social. Tandis que lorsqu'il forme ou reçoit des « dissonances planétaires », surtout d'Uranus, de Neptune, de Pluton ou de Jupiter, le monde subit des catastrophes naturelles et beaucoup d'agitation politique et sociale, pouvant même engendrer des guerres.

L'influence de Saturne est si importante, pour l'équilibre de la Terre, que nous en étudierons les effets avec une attention toute spéciale, et nous reprendrons même l'étude de son 1er cycle, qui a eu lieu de mars 1967 à septembre 1980.

De mars 1967 à septembre 1980

Lorsque Saturne forme son premier demi-cycle, nous assistons à un renouveau d'activités politiques diverses : on fonde de nouveaux partis, on renouvelle les cadres des institutions traditionnelles, on se donne de nouveaux chefs et l'on voit se lever de nouvelles figures politiques. Il se produit un remue-ménage qui fait augurer de grandes choses : on élabore de nouveaux programmes et l'on donne l'impression que tout va changer pour le mieux; on semble voir plus clair, plus « jeune », plus propre, et des efforts sont faits dans ce sens. Mais, hélas ! comme tout cela se fait selon la nature « saturnienne » de ce demi-cycle, c'est-à-dire lentement et selon des règles qui doivent respecter un certain ordre et les limites des lois, le temps passe sans apporter de très grands changements, et tout rentre dans l'ordre, ou plutôt dans la routine.

Lorsque de grands changements surviennent, que de nouveaux partis politiques remplacent les anciens au pouvoir, ceux-ci se trouvent bientôt pris dans l'engrenage des nécessités, des oppositions, des circonstances. Ils doivent compter avec les moyens dont ils disposent pour exercer leur pouvoir, c'est-à-dire avec les fonctionnaires habitués à un rythme de travail qui leur est propre, et qui représentent une force plus statique que dynamique, attachée à ses privilèges et à ses prérogatives, consciente aussi, parce qu'immuable, du danger que peuvent représenter des initiatives généreuses ou hardies.

Lorsque la sagesse populaire dit que « plus ça change, plus c'est la même chose », elle définit avec précision cette forme de continuité que l'on constate dans les cycles saturniens. Pourtant, à force d'années et de siècles, le monde évolue quand même, lentement, sûrement, malgré des sursauts, de brusques envolées et des temps d'arrêt. L'humanité poursuit une longue marche vers un but inconnu, mais qu'elle pressent; d'où cette persévérance dans l'effort vers un avenir meilleur, mais nullement garanti.

Saturne est-il symbolisé dans le cerveau de l'homme par le paléocortex, siège de toutes les mémoires antérieures ? Dans la société humaine, en tout cas, il est l'expression de tous les efforts, de toutes les barrières vaincues, de toutes les expériences accumulées au cours des siècles pour mieux dominer ses contraintes.

Le demi-cycle ascendant de Saturne correspond à un grand effort de renouveau politique, dont le processus ralentit de plus en plus au long des années.

De 1967 à 1969 et de 1996 à 1998

Lorsque Saturne passe au Bélier, on fonde des partis, on émet de nouvelles doctrines, on encourage la venue au jour de jeunes ou de nouveaux politiciens.

De 1969 à 1971 et de 1998 à 2000

Lorsqu'il entre dans le signe du Taureau, on établit des structures solides autour des nouveaux venus, on met les batteries en place, on s'assure des moyens financiers nécessaires à une action cohérente.

De 1971 à 1973 et de 2000 à 2002

Quand Saturne transite le signe des Gémeaux, c'est la propagande qui entre en action, surtout auprès des intellectuels et des étudiants qui seront d'excellents rapporteurs de la pensée politique que l'on veut diffuser.

De 1973 à 1975 et de 2002 à la fin de 2004

Avec le passage de Saturne dans le signe du Cancer, le parti cherche à faire l'unité, la cohésion nécessaire à une action bien concertée. Il y a un profond retour aux sources pour éliminer certains malentendus. On en profite aussi pour faire des tests de popularité, de brèves incursions dans le public.

De 1975 à 1977 et de 2004 à 2006

Avec l'entrée de Saturne dans le signe du Lion, ce peut être — pour certains partis ou pour certaines personnalités politiques — l'accès au pouvoir, ce qui ne garantit pas automatiquement le succès. Donc, un pouvoir qui comporte ses chances et ses malchances, ses facilités et ses difficultés, ses libertés et ses entraves, ses possibilités et ses responsabilités. Selon que Saturne sera influencé favorablement ou non par d'autres planètes au moment de la prise du pouvoir par un parti politique ou par un politicien, ceux-ci seront en mesure d'en bénéficier ou d'en pâtir, de réaliser leurs objectifs ou de manquer leurs buts. Il leur faudra parfois essuyer des échecs momentanés, pour faire plus tard de nouvelles tentatives.

De septembre 1980 à avril 1996

Saturne entre dans son demi-cycle descendant. Quand Saturne entre dans les signes d'automne-hiver — de la Balance aux Poissons —, cela ne veut pas signifier qu'il ne se passera plus rien sur le plan politique. Les jeux étant faits, les circonstances, qui vont se préciser au cours des quinze prochaines années, découleront — directement ou indirectement — des événements politiques des quatorze années précédentes.

En ces années, le monde politique récolte les fruits de ses efforts ou de ses erreurs, les doctrines s'effritent lentement, les peuples sont moins politisés et cherchent à conserver quelques avantages matériels plutôt qu'à se battre pour des idées. De nouveaux courants d'opinions passent alors difficilement.

De fin 1980 à 1982

En abordant son demi-cycle descendant, lorsqu'il entre dans le signe de la Balance, Saturne crée peu à peu un nouvel état d'esprit dans la vie politique mondiale. C'est le moment de l'élaboration de nouvelles lois; les rapports avec les partis d'opposition s'intensifient et l'on assiste à des efforts de conciliation et de participation entre groupes opposants.

Aussi bien sur le plan international que national, des alliances nouvelles se nouent, tandis que d'anciennes s'effritent. C'est le temps des conférences, des traités, d'une intensification de l'activité diplomatique. Les temps durs et les conciliations annoncent de prochains conflits.

De décembre 1982 à novembre 1985

Avec son passage dans le signe du Scorpion, Saturne inaugure une période difficile : les taxes, les charges fiscales ainsi que la dette nationale sont la cause de grands problèmes pour les gouvernements et pour la population. Ces difficultés compliquent singulièrement les rapports entre gouvernants et gouvernés et développent une atmosphère de méfiance génératrice d'une crise. En certaines contrées, on doit consacrer de lourdes sommes à la défense nationale et aux armements, tandis qu'ailleurs on peut assister à une récession industrielle inquiétante ou subir une pénurie de matières premières.

Il peut survenir des affrontements, dans certains pays, entre l'armée et le gouvernement. Il y a une recrudescence de la mortalité.

De novembre 1985 à février 1988

Dans le signe du Sagittaire, Saturne donne le signal à un regroupement des forces en vue d'une expansion et d'une plus grande diffusion des doctrines politiques. On recherche aussi l'audience de pays étrangers. On organise de grands congrès internationaux, on brandit l'étendard de l'idéal universel, de la fraternité humaine.

Durant quelques mois, on a les idées larges et l'accueil chaleureux : on oublie les nationalismes exacerbés et la xénophobie pour jouer la carte de l'internationalisme. Diplomates et politiciens s'unissent pour légiférer dans le domaine international et sceller des alliances, surtout celles qu'ils ont préparées entre 1980 et 1982. Dans les milieux religieux, on s'agite beaucoup et l'on entend bien participer aux travaux et aux colloques politiques, aux assemblées internationales.

De février 1988 à janvier 1991

Lorsque Saturne atteint son propre domicile, le signe du Capricorne, il acquiert toute sa force, toute sa puissance. Cet événement revêt une importance capitale puisque ce passage coïncide avec celui de Neptune et d'Uranus. *Le monde se trouve ici à l'un des tournants les plus marquants de son histoire politique*[1]. Seul le recul de quelques années en révélera l'importance.

Un peu partout dans le monde, les politiciens détiennent un pouvoir quasi absolu.

Dans cette étape de l'Histoire, les droits des individus sont subordonnés à ceux des nations et la liberté individuelle est singulièrement restreinte.

Cette période difficile est passionnante pour les êtres capables de se dépasser et d'aider à construire le nouveau monde qui se crée sous leurs yeux.

De janvier 1991 à janvier 1994[2]

Au moment où Saturne atteint le signe du Verseau, son influence devient plus fluide. On passe du concret à l'abstrait. Le monde recherche de nouvelles valeurs, se libère du lourd présent pour mieux planifier l'avenir. On pressent et on souhaite que « cela change ». On ne le sait pas encore, mais on se lasse des gouvernements et des politiciens sur lesquels on rejette la responsabilité des événements. On souhaite des têtes nouvelles, on recherche de nouveaux idéaux, on entrevoit déjà le nouveau millénaire.

Ce transit de Saturne au Verseau peut véritablement marquer un nouvel esprit social et politique, l'avènement au pouvoir d'hommes forts, autocrates sinon dictateurs, aux doctrines rigoureuses et efficaces, séduisantes et dangereuses, prônant le culte de la personnalité.

Saturne au Verseau amorce de nouvelles politiques et fait

---

[1] Voir les détails, pages 50 à 54.

[2] Avec une incursion à 0 degré des Poissons en mai-juin 1993.

naître de nouveaux politiciens; ces derniers ne prendront le pouvoir qu'au moment du nouveau cycle saturnien (entrée au Bélier) en 1996[1].

De janvier 1994 à avril 1996

Saturne achève son cycle en transitant le signe des Poissons. Rares sont alors les événements de première grandeur qui se manifestent. On assiste plutôt à la fin de certains régimes, sans grand fracas, à l'essoufflement, à une période d'accalmie dans les milieux politiques où l'on discute doctrines, respect des traditions, mérites passés. Mais, dans l'ombre, de jeunes forces se préparent, plus politisées et prêtes, sinon à trahir, du moins à abandonner des partis ou des aînés dépassés par les événements, et dont l'incohérence, l'immobilisme et l'incompétence apparaissent au grand jour.

Puis le cycle de Saturne recommence, de 1996 à 1998. Le monde politique va retrouver, à un autre niveau et, plus fort, une fois de plus, au cours de ces trente années d'expérience nouvelles, les mêmes problèmes, les mêmes affrontements que ceux dont nous vous avons entretenus entre 1967 et 1969[2]. Puis Saturne passera au Taureau de 1998 à 2000[3].

Jupiter

En astrologie mondiale, Jupiter, la plus grande de nos planètes, a des affinités avec la vie économique, le bien-être matériel des populations, la fortune, le pouvoir d'achat, les banques et les banquiers, la législation civile, le commerce d'importation et d'exportation. Qualifié de « bénéfique » par opposition à Saturne que l'on qualifiait de « maléfique », Jupiter, comme toute planète, exerce une influence alternativement positive (harmonique) et négative (dissonante), selon les aspects qu'elle reçoit

---

[1] Voir Saturne en Bélier, 1967-1969, page 23.
[2] Voir page 23.
[3] Voir page 23.

d'autres planètes. Ce qui caractérise vraiment Jupiter, c'est sa capacité d'expansion, dans le bien comme dans le mal.

Lorsque des ouvertures se présentent sur le plan matériel, Jupiter les amplifie, alors qu'il multiplie les risques à l'apparition de difficultés, selon les aspects planétaires harmoniques ou dissonants qu'il reçoit à ce même moment.

Comme son rythme est relativement rapide, Jupiter accomplit sa révolution zodiacale en douze ans; il passe chaque année dans un signe nouveau, son influence devient très perceptible et ses variations, très évidentes.

Néanmoins, le cycle seul de Jupiter ne suffirait pas à nous renseigner sur l'allure de *l'équilibre économique* du monde; en effet, cet équilibre dépend d'un ensemble de faits politiques, sociaux et culturels et de réalités naturelles (récoltes, production) dont l'évolution ou la courbe involutive se rapprochent beaucoup en astrologie mondiale des configurations Jupiter-Saturne dont nous parlerons plus loin.

Nous ne ferons qu'esquisser les effets du transit de Jupiter dans les différents signes zodiacaux.

Jupiter et son demi-cycle ascendant

De mars 1987 à octobre 1992
De mars 1999 à octobre 2004

En phase ascendante, Jupiter stimule habituellement l'économie : les phases d'ascension ou de régression sont fortement exprimées, les variations assez brutales, les chutes spectaculaires, les remontées impressionnantes, ce qui amène rarement une impression de sécurité ou de stabilité. Cependant, même dans les périodes de grandes difficultés, on entrevoit encore des issues, on peut se battre et gagner. Toutefois, dans le deuxième demi-cycle, descendant, le monde et les marchés sont plus amorphes, dans l'abondance comme dans la dépression.

Puis en 1987 et en 1999

Lorsque Jupiter, en phase ascendante, recommence son cycle en passant dans le signe du Bélier, une certaine effervescence dans le monde de la bourse, de l'industrie et des affaires peut entraîner soit une reprise ou une inflation, soit, au contraire, une rapide récession, selon les aspects planétaires du moment.

D'août 1987 à juillet 1988
De juillet 1999 à juin 2000

Jupiter au Taureau tend à fixer la situation économique dans l'état où elle se trouvait au cours des deux mois précédant son changement de signe. Même en période de récession et sous l'influence de ce transit jupitérien au Taureau, l'humanité veut continuer à vivre aussi confortablement que possible, même si elle n'en a plus les moyens et que les banques restreignent le crédit et prêchent un retour à l'économie et à la capitalisation.

Les valeurs immobilières et foncières accusent des hausses.

D'août 1988 à juillet 1989
De juillet 2000 à juillet 2001

Dans le signe des Gémeaux, Jupiter met en lumière le commerce de détail, la presse, la propagande, les moyens de communication. Les marchés sont actifs mais instables, et les profits limités. La planification importe plus que la réalisation et les économistes proposent et discutent de théories plus mirobolantes les unes que les autres.

D'août 1989 à août 1990

En passant dans le signe du Cancer, Jupiter entraîne souvent le rapatriement des capitaux : on encourage la population à acheter des produits nationaux et à s'autosuffire. Faire jouer la corde sensible et utiliser le folklore stimulent le commerce intérieur. Les résultats sont positifs ou négatifs, selon la conjoncture planétaire du moment.

De septembre 1990 à septembre 1991

Lorsque Jupiter passe dans le signe du Lion, le temps des banquiers est venu. C'est la mise en ordre des finances internationales, de l'économie de tous les pays : on essaie de se sécuriser, de trouver des solutions rassurantes, de construire l'économie et les finances mondiales sur les meilleures bases possible, de revenir à des méthodes prudentes. On se tourne vers l'or, les valeurs sûres. Certaines monnaies perdent leur parité, on exige plus de garanties, on limite les crédits. Plus que jamais les pouvoirs s'appuient sur l'argent, et l'argent sur les pouvoirs. Les pays riches amplifient leurs domination et resserrent leur emprise économique sur les pays pauvres.

De septembre 1991 à octobre 1992

Avec son passage dans le signe de la Vierge, Jupiter termine son demi-cycle ascendant. Cette étape est marquée par un accroissemennt du revenu des classes moyennes et ouvrières et par des revendications accrues dans le monde des travailleurs.

Parallèlement, le coût de la vie augmente, notamment dans les produits de première nécessité (alimentation, habillement, logement) et les matières premières.

L'amélioration des conditions de travail, l'augmentation des salaires, la plus-value des matières premières sont autant de phénomènes qui favorisent une prochaine inflation.

Jupiter et son demi-cycle descendant

De 1980 à 1987
De 1992 à 1999

Lorsque Jupiter aborde son deuxième demi-cycle, on se ressent sinon d'un ralentissement de l'économie, tout au moins d'un certain désintéressement envers de tels problèmes. Les gens, las de lutter, attendent des gouvernements et des hommes d'affaires qu'ils règlent la situation tout en leur assurant un certain bien-être. Cette démission apparente cause beaucoup d'excès et d'imprudences coûteuses, avant que le public ne réagisse.

On alloue de très forts budgets aux services médicaux et à l'assurance sociale.

D'octobre 1980 à novembre 1981
D'octobre 1992 à novembre 1993

Lorsque Jupiter passe dans le signe de la Balance, on assiste à de fréquentes rencontres internationales d'économistes, de ministres des finances : c'est le moment des ententes douanières, des traités de commerce, des marchés communs, d'une législation de la monnaie et des offices des changes. On se groupe, on scelle des alliances économiques afin de se sentir plus fort et d'ouvrir de nouveaux débouchés tout en éliminant certaines concurrences.

De novembre 1981 à décembre 1982
De novembre 1993 à décembre 1994

Le transit de Jupiter au Scorpion met l'accent sur les problèmes économiques de l'industrie lourde et de l'armement. Cette période d'investissements considérables dans des projets de très grande envergure et rentables à très longue échéance, suscite des initiatives hardies dans des travaux publics gigantesques : barrages, ponts, construction de grands édifices. Il y a aussi relance dans la construction navale et dans l'industrie chimique et pétrochimique. Toutes ces réalisations entraînent une nouvelle levée d'impôts et de taxes.

De décembre 1982 à janvier 1984
De décembre 1994 à décembre 1995

Dans son propre signe, le Sagittaire, Jupiter prend toute son importance. Conformément à la nature « double » de ce signe, il peut réserver les meilleures ou les pires surprises en matière d'économie. Durant cette période, tout le monde voit grand, ce qui n'est pas rassurant. Là encore, on organise de grandes et coûteuses conférences internationales : on élabore d'énormes projets; on parle de justice, d'équilibre, de bien-être ou de mieux-être pour tous. Les résultats se font attendre ou bien n'arrivent pas à combler les espoirs qu'ils auront fait naître.

De janvier 1984 à février 1985
De janvier 1996 à janvier 1997

On revient à des conceptions plus réalistes avec le passage de Jupiter au Capricorne. Les politiciens se mêlent d'économie avec un contrôle plus serré des budgets publics ou semi-publics. La création de commissions innombrables a pour but d'ordonner une économie touffue et confuse. On coupe certains crédits, on entre dans une période d'austérité plus ou moins bien acceptée.

De février 1985 à février 1986
De janvier 1997 à février 1998

Lorsque Jupiter transite le signe du Verseau, les théories sur le coopératisme séduisent un plus grand nombre de gens. On entreprend alors des projets de grande envergure dans ce sens. Les discussions tournent autour de la coopération capital-travail et l'on tente des expériences de cogestion; comités patronaux et comités ouvriers travaillent de pair. Tout le monde est plein de bonne volonté, ce qui produit parfois d'excellents résultats.

On injecte plus de capitaux dans l'industrie automobile, aéronautique, spatiale, et dans la recherche.

De février 1986 à février 1987
De février 1998 à février 1999

Avec le passage de Jupiter aux Poissons, se termine le cycle jupitérien. Durant cette étape, on découvre des scandales financiers, de graves négligences bancaires, économiques et financières; il règne souvent une atmosphère de confusion et de méfiance, de découragement, due à des manipulations douteuses entre politiciens et hommes d'affaires. Le temps est donc venu de mettre de l'ordre et d'insuffler un nouvel esprit dans l'économie mondiale.

On s'attend à une reprise possible du transport maritime et des constructions navales, alors que le pétrole, les industries du plastique, de la pharmacie, de caoutchouc, du tabac et les distilleries sont les principales cibles de transactions majeures.

Les cycles de Mars (deux ans environ), de Vénus, de Mercure, du Soleil (chacun un an environ) et de la Lune (vingt-sept jours et quart) sont de trop courte durée pour qu'on puisse leur consacrer un chapitre particulier. Nous en tiendrons compte dans l'étude que nous ferons de chaque année[1].

---

[1] Voir chapitre V, page 57 et suivantes.

Chapitre III

Les éclipses solaires et lunaires d'ici l'an 2000

Il est des phénomènes annuels qu'on ne peut passer sous silence. Ainsi, les éclipses solaires et lunaires qui agissent plus ou moins fortement sur le temps, sur la nature en général (conditions atmosphériques, récoltes, catastrophes naturelles, animaux, santé publique) ont aussi un certain retentissement sur la politique et sur l'économie du monde.

Leur influence dure généralement un mois pour les éclipses solaires et quinze jours pour les éclipses lunaires. Mais on en perçoit souvent les effets une quinzaine de jours avant leur manifestation[1].

Les éclipses solaires agissent très fortement sur la santé des humains et des animaux — en entraînant une recrudescence de crises cardiaques et de morts subites —, sur les cultures et sur les conditions climatiques. Elles coïncident souvent avec des périodes de sécheresse, de graves incendies, de famine.

Quant aux éclipses lunaires, elles agissent fortement sur le psychisme collectif, provoquant de l'agitation sociale, une recrudescence de crises et de drames dus à la folie, de suicides et de dépressions. Dans la nature, elles se traduisent, selon les réalités, par des inondations, des tempêtes, des orages et des tornades ou, au contraire, par une pénurie d'eau.

Dans tous les cas, les éclipses déterminent toujours une période de tension, de fébrilité et de complications.

Voici quelques brèves indications sur l'influence des éclipses dans les différents signes zodiacaux.

---

[1] Voir la liste des éclipses et leurs dates de formation, page 39.

Au Bélier : agitation sociale, agressivité, brusques flambées de colère, réveil de certains conflits; incendies et orages, grêles; sécheresse.
Au Taureau : période de récession économique et de restriction de crédits; destructions de récoltes par le gel, par des maladies ou par des parasites; période noire pour l'agriculture.
Aux Gémeaux : campagnes de presse, grèves et agitation chez les étudiants, dans les milieux de l'éducation, dans les transports et les communications; recrudescence d'accidents d'avion; cyclones et grands vents.
Au Cancer : mécontentement et difficultés dans les milieux maritimes; mauvaises conditions atmosphériques nuisibles à l'hôtellerie et au tourisme; tempêtes et inondations, ou pénurie d'eau selon les localisations.
Au Lion : recrudescence de morts et de scandales dans l'aristocratie, dans le monde de la haute finance, de la politique et des arts; recrudescence d'incendies, de sécheresse ou, au contraire, de froid et de mauvais temps dans des régions habituellement privilégiées; pertes possibles de récoltes de blé, famines.
À la Vierge : mécontentement, agitation et grève dans les milieux médicaux, dans les hôpitaux, dans les services publics, chez les fonctionnaires et les classes moyennes, chez les professeurs; récoltes perdues ou endommagées; épizooties et épidémies.
À la Balance : agitation sociale, ruptures de traités, procès retentissants, conflits qui s'enveniment; recrudescence d'accidents d'avion; froid prématuré, grands vents.
Au Scorpion : difficulté dans l'industrie lourde, les armements, les armées; tempêtes, naufrages, inondations, coups d'État militaires.
Au Sagittaire : impasse dans les relations internationales; marché de la bourse à la baisse et économie déficitaire; difficultés dans le monde de l'Église, de la diplomatie et de la justice; recrudescence d'incendies.
Au Capricorne : difficultés et problèmes politiques; mort ou chute de personnages politiques de première importance; recrudescence d'accidents; de la neige, du mauvais temps et des tempêtes dans le Sud et, par opposition, manque de neige et de conditions

atmosphériques satisfaisantes dans les stations d'hiver; épidémies.
Au Verseau : recrudescence d'accidents d'avion, de pannes d'électricité, d'orages électriques et magnétiques, d'interruptions dans les radio-communications, d'accidents ou de difficultés de transport; accroissement de la pollution de l'air; avalanches et glissements de terrains ou tremblements de terre; un esprit de révolte, de rébellion parmi la jeunesse et les milieux intellectuels.
Aux Poissons : accentuation des risques d'inondation, de tempêtes, de pluies torrentielles; drames de la mer, découverte de complots, d'espionnage, de réseaux de drogues; problèmes pétroliers reliés à l'industrie chimique et pétrochiminique; accidents par les gaz; problèmes et conflits religieux.

Les éclipses

L'analyse des dernières années nous a prouvé que les éclipses exercent une influence plus forte que prévue, surtout sur les conditions atmosphériques du globe, sur les catastrophes naturelles (tempêtes, raz de marée, tremblements de terre, accidents maritimes, chimiques, pétroliers, incendies); sur les conditions sanitaires des hommes et des animaux; sur les famines. Nous en avons la preuve : leur influence est *toujours* négative et s'exerce aussi dangereusement sur le psychisme des foules, entraînant ou réveillant des flambées de mécontentement populaire, etc. Et cette influence des éclipses est d'autant plus forte lorsqu'elles se manifestent en relation avec d'autres dissonances planétaires.

C'est pourquoi nous allons signaler celles qui, à notre avis, vont revêtir le plus d'influence au cours des 20 prochaines années.

Janvier et juillet 1982 : drames de la mer, tremblements de terre, volcans, etc., avec, en plus, renversements de gouvernements fin janvier 1985; instabilité de l'or ou krachs de certaines banques. Décembre : recrudescence de conflits religieux ou mort de personnages religieux. Impasse dans les relations politiques internationales.

Décembre 1983 : influence restrictive sur la situation économique mondiale.

Novembre 1984 : chute de gouvernement ou d'homme politique éminent; impasse politique internationale sérieuse. Ce qui a des répercussions jusqu'en mai 1985.

Avril et octobre 1986 : drames marins, sous-marins; pollution particulièrement dangereuse; prudence avec l'énergie nucléaire.

Mars et septembre 1987 : très dangereux pour l'équilibre politique mondial. Ce qui se confirme en mars, août et septembre 1988, en février et en août 1989, en février, en juillet, en août 1990 aussi.

1991 : en janvier, tremblements de terre importants ou glissements de terrain; situation politique très tendue.

Dès janvier 1992, à mars 1993, puis à novembre 1993 et en mai 1994, on devra redouter l'utilisation de la force nucléaire en cas de conflits ou craindre des accidents nucléaires. Périodes aussi de profonds bouleversements politiques; il en sera de même en avril et en octobre 1995, puis plus faiblement, semble-t-il, en avril et en octobre 1996.

Recrudescence d'agitation sociale en septembre 1997, à la suite peut-être de famines ou de destructions de récolte en certains endroits. Épizooties, pollution, épidémies.

Difficultés économiques ou difficultés dans certaines ententes économiques en février 1998, en février et en août 1999. On revient ensuite à une économie plus traditionnelle pour une quarantaine d'années.

Liste des éclipses solaires et lunaires de 1981 à l'an 2000

1981 :	Solaire :	4 février à 16^0 Verseau
	Lunaire :	17 juillet à 25^0 Capricorne
	Solaire :	31 juillet à 8^0 Lion
1982 :	Lunaire :	8 janvier à 19^0 Cancer
	Solaire :	25 janvier à 5^0 Verseau
	Solaire :	22 juin à 0^0 Cancer
	Lunaire :	6 juillet à 14^0 Capricorne
	Solaire :	20 juillet à 28^0 Cancer
	Solaire :	15 décembre à 23^0 Sagittaire
	Lunaire :	30 décembre à 8^0 Cancer
1983 :	Solaire :	11 juin à 20^0 Gémeaux
	Lunaire :	25 juin à 4^0 Capricorne
	Solaire :	4 décembre à 12^0 Sagittaire
1984 :	Solaire :	30 mai à 0^0 Gémeaux
	Solaire :	22 novembre à 1^0 Sagittaire
1985 :	Lunaire :	4 mai à 14^0 Scorpion
	Solaire :	19 mai à 28^0 Taureau
	Lunaire :	28 octobre à 5^0 Taureau
	Solaire :	12 novembre à 20^0 Scorpion
1986 :	Solaire :	9 avril à 19^0 Bélier
	Lunaire :	24 avril à 4^0 Scorpion
	Solaire :	3 octobre à 10^0 Balance
	Lunaire :	17 octobre à 24^0 Bélier
1987 :	Solaire :	29 mars à 8^0 Bélier
	Solaire :	23 septembre à 0^0 Balance
	Lunaire :	7 octobre à 13^0 Bélier
1988 :	Solaire :	18 mars à 28^0 Poissons
	Lunaire :	27 août à 4^0 Poissons
	Solaire :	11 septembre à 19^0 Vierge
1989 :	Lunaire :	20 février à 2^0 Vierge
	Solaire :	7 mars à 17^0 Poissons
	Lunaire :	17 août à 24^0 Verseau
	Solaire :	7 mars à 17^0 Poissons
	Lunaire :	17 août à 24^0 Verseau
	Solaire :	31 août à 8^0 Vierge

1990 :	Solaire :	26 janvier à 6^0 Verseau
	Lunaire :	9 février à 21^0 Lion
	Solaire :	22 juillet à 29^0 Cancer
	Lunaire :	6 août à 14^0 Verseau
1991 :	Solaire :	15 janvier à 25^0 Capricorne
	Solaire :	11 juillet à 19^0 Cancer
	Lunaire :	21 décembre à 29^0 Gémeaux
1992 :	Solaire :	4 janvier à 13^0 Capricorne
	Lunaire :	15 juin à 24^0 Sagittaire
	Solaire :	30 juin à 9^0 Cancer
	Lunaire :	9 décembre à 18^0 Gémeaux
	Solaire :	24 décembre à 3^0 Capricorne
1993 :	Solaire :	21 mai à 0^0 Gémeaux
	Lunaire :	4 juin à 14^0 Sagittaire
	Solaire :	13 novembre à 21^0 Scorpion
	Lunaire :	29 novembre à 7^0 Gémeaux
1994 :	Solaire :	10 mai à 20^0 Taureau
	Lunaire :	25 mai à 4^0 Sagittaire
	Solaire :	3 novembre à 11^0 Scorpion
1995 :	Lunaire :	15 avril à 25^0 Balance
	Solaire :	29 avril à 9^0 Taureau
	Solaire :	29 avril à 9^0 Taureau
	Solaire :	24 octobre à 1^0 Scorpion
1996 :	Lunaire :	4 avril à 15^0 Balance
	Solaire :	17 avril à 28^0 Bélier
	Lunaire :	27 septembre à 4^0 Bélier
	Solaire :	12 octobre à 20^0 Balance
1997 :	Solaire :	9 mars à 19^0 Poissons
	Lunaire :	24 mars à 4^0 Balance
	Solaire :	1er septembre à 9^0 Vierge
	Lunaire :	16 septembre à 24^0 Poissons
1998 :	Solaire :	26 février à 8^0 Poissons
	Solaire :	22 août à 29^0 Lion
1999 :	Solaire :	16 février à 27^0 Verseau
	Lunaire :	28 juillet à 5^0 Verseau
	Solaire :	11 août à 18^0 Lion

2000:	Lunaire:	21 janvier à 1° Lion
	Solaire:	5 février à 16° Verseau
	Solaire:	1er juillet à 10° Cancer
	Lunaire:	16 juillet à 24° Capricorne
	Solaire:	31 juillet à 8° Lion
	Solaire:	25 décembre à 4° Capricorne

Chapitre IV

Les grandes étapes de la fin du XXe siècle

La conjonction Jupiter/Saturne de 1980-81

En astrologie mondiale, on juge de l'équilibre de la situation économico-politique par les conjonctions Jupiter-Saturne[1]. Jupiter[2] conditionne la prospérité ou la pauvreté du monde, tandis que Saturne influe sur la condition politique et sociale. La rencontre de ces deux planètes — leur conjonction, en termes techniques — suit un rythme précis. Leur « conjonction majeure » se fait tous les deux cents ans environ et ouvre un cycle de dix conjonctions normales, qui se répètent, tous les vingt ans, dans des signes zodiacaux de même nature. La dernière conjonction supérieure de Jupiter et de Saturne s'est faite en 1842 dans le signe de terre du Capricorne; les conjonctions suivantes se sont faites régulièrement dans d'autres signes de terre : en 1861, à la Vierge, en 1881, au Taureau, en 1901, au Capricorne, en 1921, à la Vierge, en 1940-41, au Taureau, en 1961, au Capricorne. *En 1981, elle aurait dû se faire normalement dans le signe de la Vierge :* mais, rompant l'équilibre d'un cycle naturel, elle se produit à trois reprises, *dans le signe d'air de la Balance,* à cause d'un phénomène de rétrogradation. En 2000 et 2020, tout rentre dans l'ordre et elle se forme à nouveau dans des signes de terre, successivement le Taureau et le Capricorne. Et ce n'est que vers 2040 qu'elle entrera, pour une nouvelle période de deux cents ans, dans des signes d'air.

---

[1] L. Horicks et H. Michaux, *Traité pratique d'astrologie mondiale*, Éd. Les soirées astrologiques, Bruxelles, p. 44.
[2] Voir page 5.

Cette anomalie va nous valoir, entre 1981 et 2000, une période économiquement et politiquement très perturbée. En effet, depuis 1842, notre économie mondiale, si imparfaite soit-elle, a permis un accès plus large aux richesses mondiales à des couches de plus en plus importantes de la population : 1861 voit la fin du servage des paysans et de la guerre de Sécession; 1881 marque la gratuité de l'enseignement primaire, la formation de syndicats, le développement de l'industrie, des transports et de l'électricité; en 1901 se forme le Commonwealth australien; en 1919-1920 apparaissent la Société des Nations, le Bureau international du travail; en 1940, c'est la guerre et le développement industriel accéléré; 1961 amène le démantèlement des colonies anglaises et françaises, ouvre l'accès à l'indépendance des pays africains.

En 1981, cette déviation de la conjonction Jupiter-Saturne d'un signe de terre à un signe d'air va complètement modifier la situation économique jusqu'à la fin du siècle. Les grandes difficultés survenues dans ce domaine depuis 1974 obligent à une remise en question, à une réévaluation des techniques et des pratiques financières. Au lieu de revenir à des conceptions conservatrices, que nos spécialistes accusent de tous les maux dont souffre le monde des affaires actuellement, nos économistes se lancent vers des projets audacieux, prônent des initiatives hardies qui vont obérer les vingt prochaines années. Pour justifier ce pronostic, il suffit de mentionner qu'une conjonction Jupiter-Saturne en signe de terre détermine des faits concrets et des réalités, si désagréables soient-ils, tandis que, placée en signe d'air — comme ce sera le cas en Balance en 1981 —, cette même conjonction Jupiter-Saturne suscite des idées, des plans, idéalement valables, mais hautement problématiques.

En résumé, l'équilibre de notre situation économique, durant les vingt prochaines années, va dépendre de la fantaisie et de l'esprit de création de nos économistes.

Il est évident que l'on ne peut pas laisser la situation économique de 1977-1980 se détériorer sans chercher des solutions nouvelles. Ainsi on ne peut guère aller plus loin en augmentant les impôts, les salaires, les charges et les dépenses gouvernementales, les prix, sans aller à une catastrophe, qu'il faut éviter à tout prix. C'est pourquoi de nouvelles méthodes économiques risquent bien plus, en l'état actuel des choses, de cacher la détérioration de notre économie que d'y apporter des remèdes.

Jusqu'en 1971, la monnaie en circulation dans le monde était partiellement garantie par les réserves d'or de chaque gouvernement. Au moment où l'on a retiré cette garantie, le monde a commencé à vivre plus ou moins « à découvert ».

L'utilisation de la carte de crédit pratique et rassurante a changé les données économiques. En effet, l'ayant en poche pour acheter ce dont on a envie, on oublie momentanément qu'on n'a pas les moyens de faire ces achats, d'autant plus que les compagnies élargissent volontiers le crédit des consommateurs de bonne volonté.

On apprend de bonne grâce à devenir un dépendant économique. Et cela nous prépare gentiment à accepter la « carte de débit » qu'on nous annonce discrètement dans la presse, et qui sera, elle aussi, très « pratique » puisqu'elle nous servira à tout payer par simple déduction sur notre compte bancaire. Nous n'aurons même pas à aller déposer notre salaire dans notre compte bancaire; le transfert se fera du compte de l'employeur à celui de l'employé, par ordinateur, comme cela se pratique dans certaines entreprises. Nous n'aurons plus besoin d'argent : une petite carte et c'est tout... Cela paraît simple et pratique; mais, se rend-on compte de la privation de liberté et d'autonomie que cela comporte ?

Si c'est là la rançon du XXe siècle, elle est lourde à porter. Ce que les pays de l'Est parviennent à faire par la politique, les pays occidentaux le font par l'économie : l'entier conditionnement de l'individu par l'État, l'absolu contrôle de ses avoirs et de ses dépenses, de sa production et de sa consommation, puisqu'en dernier ressort, tout aboutira au ministère du Revenu par la déclaration d'impôts.

Théoriquement, il sera rassurant, grâce aux ordinateurs, de prévoir les risques, de limiter les crises ou de les détourner sur d'autres objectifs moins dangereux. Mais, qui décidera de qui et de quoi ? Cette forme d'économie, de plus en plus dirigée, sera sans doute celle des siècles à venir, sur une terre surpeuplée.

Son application prématurée va soulever des problèmes et des

difficultés sans nombre, aboutir à des échecs et à des impasses qui créeront des affrontements politiques extrêmement sérieux entre l'Est et l'Ouest ou entre les partis de gauche et de droite.

Qu'il nous suffise de préciser ici, au sujet de cette conjonction Jupiter-Saturne aberrante, qu'elle vaudra à notre génération vingt années d'incertitudes, de tentatives plus ou moins réussies. Ces expériences prématurées aboutiront, vers 2000, au moment de la prochaine conjonction Jupiter-Saturne revenue à son alignement en signe de terre, à un retour à une économie plus prudente pour une quarantaine d'années. Le temps sera alors venu, pour le monde, vers 2040, de changer définitivement son optique économique et de s'adapter à un nouveau mode de vie.

La conjonction Jupiter-Pluton de 1981

Le 2 novembre 1981, Jupiter entre en conjonction exacte avec Pluton. Cette configuration est d'autant plus importante qu'elle s'inscrit dans l'orbe de la conjonction Jupiter-Saturne dont elle amplifie les effets dans le temps et dans les faits. De plus, Mercure joue le rôle d'intermédiaire entre Saturne, Jupiter et Pluton, si bien qu'il faut interpréter une quadruple conjonction, dont les effets seront perçus, pendant près de treize années, avec des fortunes diverses.

La conjonction Jupiter-Pluton, avec les autres aspects qu'elle forme, confirme bien les grandes tendances de renouvellement de l'économie. Elle signifie que nous sommes en pleine réorganisation économique, nécessitée par les difficultés considérables que le monde vient de traverser. Parmi les mesures de réorganisation, certaines procèdent d'un évident souci de mettre de l'ordre tout en respectant autant que possible les désirs et les besoins des ouvriers comme ceux du patronat, des producteurs comme des consommateurs. Cette louable tentative de contenter tout le monde est bien difficile à réaliser. Pendant près de trente mois, c'est-à-dire jusqu'à l'été 1984, on constatera des progrès économiques ou des promesses de progrès. Mais, dès 1984-1985, les ennuis causés par ces mesures nouvelles deviennent apparents et entraînent plus de mécontentements que de satisfactions.

Dès lors, on peut s'attendre à un nouveau malaise économique et social qui perturbera sérieusement la situation politique, non seulement sur le plan national, mais aussi sur le plan international, ce qui peut engendrer des conflits.

La conjonction Saturne-Pluton de 1982

La conjonction Jupiter-Pluton ne fait que préluder à une autre configuration planétaire très sérieuse, celle de la conjonction Saturne-Pluton, exacte le 8 novembre 1982.

Cet aspect planétaire est l'un des plus importants que l'on connaisse : il étend son influence sur près de trente-trois ans, et sera actif jusqu'en 2015.

Dans le passé, la conjonction Saturne-Pluton de 1914 a coïncidé avec la Première Guerre mondiale; celle de 1947, avec la guerre du Viêt-Nam, commencée le 19 décembre 1946.

Devons-nous redouter un autre conflit en 1982? L'affirmer serait présomptueux, car l'astrologie ne prétend à aucun déterminisme absolu; elle ne fait que signaler des dangers de crises, de conflits, d'époques difficiles ou au contraire bénéfiques qu'il appartient à la sagesse des hommes d'atténuer ou de développer.

La conjonction actuelle aborde une période délicate où les moindres maladresses risquent de déclencher des problèmes difficiles à circonscrire ou à régler rapidement.

Nous étudierons plus loin[1] les pays les plus impliqués dans ces difficultés.

Cette configuration pourra marquer aussi une étape décisive dans l'exploration spatiale et dans la recherche scientifique, notamment le secteur nucléaire. On peut redouter des accidents majeurs dans ces mêmes domaines. Ce sera aussi une période noire pour l'aviation. Cette conjonction Saturne-Pluton, exacte le 8 novembre 1982, peut faire sentir ses effets immédiats dès la fin de 1981 et jusqu'en fin de 1983, mais elle étendra son influence sur près de trente-trois ans, répétons-le.

---

[1] Voir chapitre VI page 83.

La conjonction Jupiter-Uranus de 1983

La conjonction Jupiter-Uranus du 18 février 1983 au Sagittaire se répète à deux reprises, le 14 mai puis le 25 septembre. C'est la promesse d'une année économiquement animée et pleine d'imprévus.

On assistera à des tentatives de nouveaux marchés communs et l'on fera une propagande intensive en faveur d'unions commerciales internationales comme l'intensification des mouvements coopératifs et des trusts.

L'industrie peut faire des bonds prodigieux grâce à des découvertes qui paraîtront régler, une fois pour toutes, le problème de l'énergie. Malgré une publicité remarquablement orchestrée, les résultats ne seront pas à la mesure des espoirs et des capitaux investis.

Très curieusement cependant, le monde sera prêt à se lancer avidement sur les innombrables nouveautés qui le distrairont des problèmes du moment.

Comme si le temps était venu d'une accélération des connaissances scientifiques, d'un accroissement considérable des inventions et des découvertes dans les domaines les plus divers, les voyages terrestres et spatiaux, les télécommunications, l'industrie hydro-électrique, l'énergie solaire; les domaines de l'audio-visuel semblent bénéficier en premier lieu des progrès actuels; des événements majeurs sont à prévoir dans les milieux religieux : réformes ou initiatives hardies, modernistes.

La conjonction Jupiter-Neptune de 1984

À peine Jupiter a-t-il quitté Uranus qu'il s'apprête à rejoindre Neptune, au seuil du signe du Capricorne, le 19 janvier 1984. Les deux planètes pénètrent ensemble dans le signe du Capricorne, ce qui n'est pas banal. On verra se calmer de beaucoup l'exaltation que l'humanité a connue en 1983.

On entre maintenant dans un monde concret, logique, où chaque fait a une explication, et où l'on ne se paie guère d'illusions, même si l'on en a envie. Les hommes ne se contentent plus de promesses, ni de gadgets : ils veulent obtenir des résultats.

Dans le monde du travail, en particulier, on recherche une nouvelle sécurité, le respect des ententes, une amélioration des conditions de travail et une augmentation des gains par tous les moyens.

Un mécontentement certain règne dans les relations ouvrières-patronales et il convient de prendre au sérieux les menaces de grèves et de désordres. La politisation des syndicats s'accélère et s'intensifie, ce qui peut provoquer des affrontements dangereux.

C'est un moment d'instabilité en Bourse et d'expérimentation de théories financières et économiques plus risquées qu'efficaces.

Le problème du pétrole est alors au premier plan des préoccupations économiques et politiques: on entre dans une phase décisive des techniques du pétrole et de la pétrochimie. On fait la découverte de nouveaux terrains pétrolifères dans des pays ou des endroits encore inexploités, ce qui peut bouleverser la carte politique et économique du monde d'ici une quinzaine d'années.

Il est vraisemblable que l'on fera, dès ce moment, la découverte de nouvelles sources d'énergie *dans la terre et dans l'eau (hydrogène ?),* ce qui ouvrira la porte à de nouvelles formes de substituts du pétrole, autres que nucléaires et solaires.

La conjonction Saturne-Uranus de 1988

Sur le plan politique, la conjonction Saturne-Uranus est sans doute l'une des configurations planétaires majeures, source d'ébranlements et de changements. Saturne représente la politique et Uranus, les changements et les mouvements politiques de droite, les dictateurs.

Le rythme de cette conjonction est de quarante-cinq ans. La dernière s'est produite en mai 1942, au moment de l'apogée du nazisme et du fascisme. Actuellement, cette configuration est exacte le 13 février 1988, et elle est conjointe à Mars et à la Lune, en trigone à Jupiter.

Cela tendrait à démontrer que, face à la situation économique mondiale, périlleuse en ce moment, des partis politiques de droite ou très conservateurs tentent de revenir au pouvoir ou de renverser les gouvernements en promettant de redresser la situation économique générale.

Dans certains pays, on assiste à la démission ou à l'éviction de gouvernements depuis longtemps au pouvoir; la situation générale demeure confuse après leur départ.

Un peu partout dans le monde, la tension politique engendre la peur et les révoltes, ce qui provoque des répercussions graves dans le domaine des affaires et du travail.

On assiste aussi à la désagrégation de certains « blocs » internationaux ou de coalitions politiques et juridiques internationales. L'atmosphère politique est extrêmement tendue et les risques de conflits localisés persistent.

L'influence de cette conjonction Saturne-Uranus qui se répète à trois reprises en février, puis le 26 juin et enfin le 18 octobre 1988, se fera sentir depuis le début de 1987 jusqu'à la fin de 1989 au moins.

La conjonction Saturne-Neptune de 1989

Si la conjonction Saturne-Uranus influence considérablement la politique de droite et celle des partis conservateurs, la conjonction Saturne-Neptune qui la suit de près — se précisant à trois reprises le 3 mars, le 24 juin et le 13 novembre 1989, toujours dans le signe du Capricorne — touche, elle, à la politique des partis de gauche et d'extrême-gauche.

C'est ainsi qu'on peut prévoir une remontée considérable des partis de gauche dans le monde entier — la conjonction Saturne-Neptune étant en sextile à Pluton, ce qui lui donne une valeur particulière — et des affrontements sérieux avec les partis de droite.

On a rarement vu dans le monde des prises de position aussi draconiennes, aussi violentes : le monde arrive à un tournant crucial et le temps des atermoiements est révolu. Il faut prendre position pour un camp ou pour un autre et en assumer les responsabilités.

Parmi les problèmes majeurs, on peut citer les difficultés que rencontrent les Églises et les milieux religieux, face à des situations inédites qui peuvent saper jusqu'à leurs fondements.

Un autre problème critique surgit : l'énergie, du pétrole et de ses substituts, nécessite des investissements astronomiques. Ce que nous prévoyions déjà pour 1984 commence à se réaliser : la lutte pour l'exploitation de nouveaux champs pétrolifères ou de nouvelles sources terrestes et sous-marines d'énergie devient plus âpre. Des pays sous-développés accèdent par là à la puissance et sont l'enjeu de surenchères coûteuses en vies et en argent.

Parallèlement, des pays encore récemment riches commencent à faire l'apprentissage d'une sévère récession et de tous les problèmes économiques et sociaux que cela implique.

On dirait que, durant les années 1988 et 1989, le monde est sur une plaque tournante et que les pions se mettent en place pour les bouleversements importants que nous annonce la grande conjonction Uranus-Neptune de 1992-1993.

Avant d'en analyser les effets, rappelons que la conjonction Saturne-Neptune actuelle se répète tous les trente-cinq ans, et que les deux précédentes ont eu lieu respectivement en 1917 — année de la révolution russe et de l'accession des communistes au pouvoir — et en 1952, en pleine « guerre froide », alors que l'URSS avait largement établi son influence sur ses pays satellites.

La conjonction Uranus-Neptune de 1992-93

La conjonction entre Uranus et Neptune, dans le signe du Capricorne, exacte à quatre reprises (le 23 avril 1992, le 2 février 1993, le 20 août 1993 et le 25 octobre 1993), était préparée par Saturne rencontrant Uranus, puis Neptune, dès 1988 et 1989, ainsi que nous l'avons vu plus haut, et elle va continuer à étendre ses effets jusque vers 1996.

C'est une conjonction qui se fait tous les cent soixante-quinze ans, la dernière fois en 1821[1] — active de 1815 (abdication de Napoléon) jusqu'en 1826 — également dans le signe du Capricorne. Vers cette période, s'est édifié l'empire britannique;

[1] Année de la mort de Napoléon.

la plupart des pays de l'Amérique du Sud ont conquis leur indépendance contre l'Espagne et le Portugal et de nombreux pays se sont alors donné une constitution. Ce fut aussi l'apparition du premier chemin de fer et, dès lors, l'ouverture des communications et du développement de la civilisation industrielle.

La conjonction Uranus-Neptune de 1992-1993 va donc ouvrir une nouvelle étape de cent soixante-quinze ans et correspondre, dès 1988, début de son influence, à de violents affrontements entre les factions politiques de gauche et de droite. Une entente sera conclue à la suite de maints drames, conflits, pressions, désordres devenus trop dangereux pour la survie de notre monde. Mariage de raison plus que d'amour entre des idéologies opposées, l'entente permettra un retour à un peu plus d'équilibre dans le monde tout entier.

Voilà une période de refonte des idées, des idéaux, des religions qui se voient tous contestés, démentis par les faits. Les puissants s'affaiblissent, les faibles gagnent de la force et tous se sentent mal à l'aise dans leurs rôles nouveaux.

Cet aspect Uranus-Neptune a d'autant plus d'influence qu'il s'inscrit au seuil de l'ère du Verseau et que, de plus, les deux planètes vont bientôt franchir le seuil du signe du Verseau — en 1996 pour Uranus, en 1998 pour Neptune —, ce qui annonce une transformation complète dans les conceptions religieuses et les idéologies du monde. On ne se contentera plus de la foi du charbonnier (Neptune et le signe des Poissons); on voudra comprendre (Uranus et le signe du Verseau). Le monde sera tenté de suivre de nouveaux précurseurs, qui seront plus savants qu'hommes de religion.

Grâce à une meilleure connaissance des mécanismes de fonctionnement de son cerveau, l'homme utilisera au mieux son intelligence créatrice — intuition — et atteindra à des connaissance qui lui étaient demeurées cachées jusqu'ici.

Il pourra également comprendre le sens des mystères et des symboles et traduire en clair et en concret des lois naturelles qui lui semblaient obscures jusque-là.

En résumé, une étape nouvelle; dans une civilisation naissante, la gestation d'un monde nouveau.

La conjonction Jupiter-Pluton de 1994

La conjonction Jupiter-Pluton du 2 décembre 1994 succède à celle dont nous avions étudié les effets en 1980-1981. Elle se forme actuellement dans le Scorpion, en quadrature à Mars et en sextile à Uranus et à Neptune, en conjonction avec la Lune et même avec Mercure et le Soleil, tous deux au Sagittaire.

C'est dire qu'elle revêt une importance capitale car, sous son influcncc, on peut avoir à résoudre des conflits aigus. On reparle beaucoup d'armement et de nouveaux moyens de destruction; l'industrie lourde semble travailler à plein, ce qui n'est jamais un indice rassurant pour la paix mondiale.

Néanmoins, cette conjonction peut insuffler un renouveau dans l'économie, après nous avoir valu de sérieuses alertes. Son influence va s'exercer sur les treize prochaines années, c'est-à-dire jusqu'en 2007 environ. Durant cette période, on risque d'assister à l'écroulement de certains empires industriels, ou encore de certains trusts nationalisés ou restructurés pour mieux servir les intérêts des gouvernements.

La conjonction Jupiter-Neptune de 1997

Le 9 janvier 1997, à la fin du signe du Capricorne, et en même temps qu'une lunaison, nous avons une nouvelle conjonction Jupiter-Neptune, conjointe elle-même à Uranus au Verseau, ce qui lui donne une importance particulière.

Lorsque cette configuration s'était produite en 1984, nous avions signalé combien elle allait rendre les milieux ouvriers plus exigeants.

Cette conjonction va ouvrir la voie à une économie apparemment plus libérale : on verra se dessiner de grands mouvements coopératifs, on innovera dans le but d'intensifier et de relancer l'économie. Le patronat et les ouvriers cherchent à instaurer des relations plus étroites. On émet et on expérimente de nouvelles théories relationnelles du travail et du milieu social.

Cependant, tout cela est fortement dirigé, contrôlé par de puissantes organisations sociales et gouvernementales et l'on n'a pas retrouvé encore la liberté d'autrefois. Les structures sociales se resserrent et l'individu est de plus en plus poussé à s'y intégrer pour jouir du maximum de bien-être qui lui est imparti dans la société actuelle.

La conjonction Jupiter-Uranus de 1997

La dernière conjonction de planètes lourdes de l'année est celle de Jupiter et d'Uranus, le 16 février 1997, au seuil du Verseau, en conjonction à Neptune, en sextile à Saturne et à Pluton. Elle amplifie toutes les autres configurations planétaires en activité à ce moment et revêt une importance considérable pour les ajustements économiques et politiques en élaboration. Un esprit nouveau souffle sur le monde, qu'on sent prêt à accepter de nouveaux leaders, de nouvelles élites, prêt aussi à se lancer dans des initiatives d'avant-garde pour fêter la venue du nouveau millénaire.

Il règne alors une sorte d'exaltation, de fébrilité contenue, un élan véritable de fraternisation, sincère mais fragile. C'est le temps des bonnes résolutions; mais ceux qui les prendront seront-ils là pour les tenir ?

Ce sera aussi malheureusement un temps où l'on verra une recrudescence des tremblements de terre, des tornades ou des orages dévastateurs, de même que des accidents d'aviation. On assistera aussi à des progrès et à des découvertes considérables dans les domaines des transports, des communications, de l'énergie électrique et nucléaire, et dans la recherche spatiale.

Nous ne saurions passer sous silence une configuration planétaire qui nous accompagne depuis 1971 et qui va exercer son influence jusqu'à la fin du siècle, c'est-à-dire pendant près de trente ans, alors qu'elle ne devait se prolonger guère au-delà de dix ans: il s'agit du sextile Neptune-Pluton qui exercera son influence sur les signes de la Balance et du Sagittaire, puis du Scorpion et du Capricorne. Cette configuration, dont on ne peut attendre des effets extraordinaires, agira de façon à minimiser ou à raccourcir les conflits, à dédramatiser des situations périlleuses et démontrera que, même aux moments les plus critiques, il existe toujours une intervention providentielle possible.

Cette configuration incite aussi les hommes à s'unir dans la foi, dans des idéologies ou dans de grands courants humanitaires pour trouver des solutions aux problèmes actuels. Les prochaines années vont voir naître une multitude de groupements qui auront en commun la ferme intention de trouver des éléments de détente, de conciliation pour pallier les risques de conflits armés ou sociaux et les difficultés économiques vers lesquels le monde s'achemine.

On ne peut espérer que cet aspect relativement mineur apporte de telles solutions. Mais sa permanence jusqu'en fin du siècle garantit un équilibre précaire, mais suffisant pour nous rassurer.

Chapitre V

De 1981 à l'an 2000, année par année

Jusqu'ici, nous avons interprété les grandes configurations planétaires qui jalonnent la fin du siècle et qui ouvrent des cycles variant de treize à cent soixante-quinze ans.

Il nous appartient maintenant d'étudier plus en détail les possibilités et les risques contenus dans les prochaines années que nous allons vivre. Notre interprétation est basée sur l'analyse:

a) des aspects planétaires le 1er janvier de chaque année;
b) des aspects formés par les planètes lourdes;
c) des éclipses solaires et lunaires, afin de dégager l'allure essentielle de l'année.

Il est bien évident que, pour faire une analyse annuelle détaillée, nous devrions ajouter beaucoup d'éléments à ceux que nous venons de mentionner:

a) le thème[1] du 1er janvier orienté pour chaque grande capitale;
b) le thème de l'entrée du Soleil dans les signes cardinaux lors des équinoxes et des solstices; l'analyse des douze lunaisons;

tous ces thèmes sont étudiés en fonction de leurs répercussions sur les cartes du ciel dressées pour les pays et pour leurs gouvernants.

Comme nous publions en annexe les données astrologiques de chaque année, nous nous exempterons, dans nos commentaires annuels, d'explications techniques.

[1] Le « thème » ou « carte du ciel » est le schéma dressé selon la position des planètes et leur orientation par rapport à la Terre, pour une date, une heure et un lieu terrestre précis.

L'étude succincte qui suit permet cependant de bien dégager l'allure générale de chaque année.

De 1981 à 2000
Le grand tournant

Il est certain qu'il ne se produira pas, au cours de ces 20 ans, d'améliorations majeures en comparaison avec les années précédentes. Sur les plans de l'économie et de la politique, on voit au contraire une accentuation de la situation alarmante que l'on connaît actuellement dans presque tous les pays du monde: augmentation du chômage, poussée de l'inflation, instabilité de la monnaie, instabilité boursière, etc.; et cela, malgré les efforts et les tentatives désespérés que feront des gouvernements pour rétablir un certain équilibre politique et pour régler les problèmes sociaux, ainsi que pour tenter de relancer l'économie.

Les seules améliorations ressembleront à peu près à celles que l'on remarque parfois dans les dernières phases d'une maladie grave, ou terminale. Ce n'est pas que nous nous acheminions vers une catastrophe universelle fatale, mais simplement, nous arrivons à la fin d'une époque, sur les plans économique et politique. J'ai longuement parlé ailleurs de cette époque, mais je vais la résumer rapidement ici. L'équilibre économique et politique du monde repose sur certaines configurations planétaires entre Jupiter et Saturne. Ces configurations suivent habituellement un cycle de 200 ans divisé en 10 conjonctions qui influencent chacune une période de 20 ans et qui s'inscrivent dans des signes zodiacaux de même nature; cela s'est passé régulièrement ainsi pendant des millénaires et nous avions commencé un tel cycle en 1842, ouvrant alors notre ère capitaliste-industrielle. À partir de ce moment, les conjonctions Jupiter/Saturne s'étaient formées régulièrement en 1881, 1901, 1921, 1940-41, 1961 dans des signes «de terre». Or, celle qui s'est formée le 31 décembre 1980 et qui étend son influence tout au long de 1981 en janvier, février, mars et juillet, rompt la régularité de ce cycle en se faisant dans un signe «d'air», ce qui modifie complètement la nature de ses effets sur l'économie et la politique mondiale au cours des 200 prochaines années. Ce n'est qu'en l'an 2000 que l'on reviendra, pour une quarantaine d'années, à une économie plus traditionnelle.

Mais dès la fin de 1980, sous la pression de l'aggravation de la situation économique, de l'augmentation de la dette publique, de la montée du chômage et de l'inflation, et à cause des désordres sociaux qui en résultent, les gouvernements seront amenés à forger une économie artificielle, imposant beaucoup de restrictions à la libre disposition des biens individuels. Plus précisément, on assistera à l'augmentation des impôts et des taxes par voie directe ou indirecte, dans les pays où cela demeure possible, à l'ouverture de crédits à des pays non solvables actuellement, afin de trouver de nouveaux débouchés pour la vente des produits manufacturés et des surplus de matières premières, à l'extension de certains marchés communs pas tellement avantageux jusqu'ici, et à plusieurs autres manœuvres palliatives de cet ordre. En effet, il est vraisemblable que les gouvernements hésiteront à perdre des électeurs en recourant à des mesures d'économie qui auraient pour effet de diminuer le nombre des programmes d'aide sociale ou les dépenses mêmes du gouvernement, bien que ce soit là une solution devenue urgente. Et le peuple n'est pas prêt lui non plus à accepter les restrictions ou les sacrifices indispensables à un redressement de la situation économique de l'Occident. Pourtant, la situation est très grave, d'autant plus que pour le moment on ne voit pas comment on pourrait l'améliorer. Et le passé ne nous fournit pas d'exemples de moyens qui aideraient à la reconstruction « naturelle » de notre économie malade. Il faudra donc recourir à des solutions artificielles, entièrement théoriques, pures hypothèses sorties des esprits des économistes et des politiciens qui y travaillent depuis de longues années, sachant très bien que le monde occidental ne se sortirait pas une deuxième fois d'une crise semblable à celle de 1929-1933. Qu'ont donc proposé ces théoriciens, jusqu'ici ? Ce furent d'abord les « fonds mutuels », qui ont en général mieux réparti les pertes que les gains; puis apparut la carte de crédit réservée, au début, aux privilégiés, puis mise progressivement à la disposition de presque tout le monde, prélude à la carte « tout usage » qui nous permettra d'effectuer toutes les opérations financières (salaires, revenus, achats et dépenses) directement par ordinateur, ce qui équilibrera peut-être bien des budgets, mais restreindra singulièrement notre liberté de disposer de nos biens. Et c'est ce qui me fait dire que nous sommes arrivés dès la fin de 1980 et pour 20 ans à la fin d'une époque : celle du « free for all », celle si chère à l'Amérique du Nord, et celle que connurent en général presque tous les pays du monde occidental. Ces règlementations devenues indispensables à cause de la gravité de notre situation économique vont nous conduire à un dirigisme presque aussi absolu que celui que connaissent les pays de l'Est. Peut-être pas en théorie, mais certainement dans la pratique. On s'étonnera sans doute que j'accorde autant d'importance aux questions économiques, mais ce sont indiscutablement elles qui, du point de vue astrologique, seront les plus cruciales d'ici la fin du siècle.

1981

1981 constitue l'une des années les plus importantes de cette fin du siècle : tout ce qui va commencer, les grandes décisions qui seront prises sur le plan international, les grandes conférences internationales et les rencontres de chefs d'État auront des répercussions majeures sur l'évolution des événements mondiaux des prochaines années.

En effet, la conjonction Jupiter-Saturne[1] se répète en janvier, en février, en mars et en juillet; c'est dire que nous arrivons à un tournant de la situation économique et politique et que des mesures majeures sont prises pour résoudre les problèmes financiers et monétaires que le monde connaît depuis une douzaine d'années.

Il est vraisemblable que c'est en 1981, ou dans les proches années suivantes, qu'on va expérimenter, sur une grande échelle, de nouveaux plans de financement et de crédit. On se dirige vers une unification du système monétaire dont le but est de ramener l'évaluation de la valeur monétaire de chaque pays — ou de pays

[1] Voir page 43.

de même bloc, occidental, oriental ou autre —, à un même étalon. On sait que l'étalon-or a été abandonné au profit du système des monnaies flottantes. En 1981, le temps est venu, à cause de l'instabilité économique, de fixer une nouvelle mesure de valeur monétaire.

Les configurations planétaires en jeu cette année indiquent que l'on va vers un dirigisme économique de plus en plus serré, et que les contrôles de la fortune publique et privée seront presque absolus : on est bien loin alors du *free for all* dans le monde occidental aussi bien que dans les pays de l'Est. C'est par l'intermédiaire des banques, dont le rôle s'accroît de plus en plus, que s'accomplit cette transformation profonde de notre économie; dès ce moment, les banques serviront surtout d'intermédiaires entre le gouvernement, d'une part, les producteurs et les consommateurs, d'autre part. Elles seront plus un bureau central, d'où partiront et aboutiront toutes les transactions financières d'un pays, que les gardiennes ou les gérantes de nos biens; tout cela facilitera les contrôles fiscaux, limitera l'usage de l'argent comptant et diminuera de plus en plus la liberté de disposer de nos avoirs.

C'est sans doute à ce moment que la « carte unique de débit » remplacera progressivement les « cartes de crédit » innombrables. On aura l'impression d'une simplification — toutes nos transactions financières se faisant par l'intermédiaire d'un seul compte et d'une seule carte — alors qu'il s'agira en fait d'une perte de liberté progressive. Mais, comme tout cela se fera lentement, le public ne s'en apercevra que lorsqu'il en constatera les désavantages. Il semble difficile cependant de se protéger contre cette façon de faire, entrée doucement dans nos mœurs par le biais de l'informatique. Loin de condamner les progrès techniques, qui ont fait avancer le monde à pas de géants, il faut cependant en peser les risques et en prévenir les conséquences.

Ainsi, en 1981, le monde se trouvera à la croisée de chemins de son destin économique et politique; mais il ne s'en rendra pas immédiatement compte, et ce n'est que vers les années 1984, 1989 à 1993 qu'il prendra conscience de l'importance qu'aura eue, sur le plan mondial, cette année 1981.

En février, en juillet et en août, on pourra connaître des

conditions atmosphériques très particulières : tempêtes, grands vents, orages destructeurs, selon les réalités locales, sécheresses en d'autres endroits, incendies ou destructions de récoltes, recrudescence de dangers par la radioactivité ou des expériences nucléaires, recrudescence d'accidents d'avion ou d'engins spatiaux.

En novembre, il se peut qu'on parle de ruptures de traités, ou de conflits sérieux, de tension politique aiguë qui risque de s'aggraver ou de s'étendre sur les deux prochaines années.

On verra une intensification probable des armements, mais avec des risques de conflits ouvriers dans l'industrie sidérurgique, des remaniements dans certains syndicats internationaux; des luttes âpres sont à prévoir à la tête de certains partis politiques.

1982

En 1982, la conjonction Saturne-Pluton, pleinement active, est soutenue par la proximité de Jupiter et se fait en sextile à Neptune. Sur le plan politique, cette configuration a mauvaise réputation, car on l'a souvent vu coïncider avec les guerres : en effet, en 1914-1918, on avait un triple conjonction Saturne-Pluton et, en 1939, une quadrature entre ces deux mêmes planètes. Il ne faut pas dramatiser pour autant,car il y a tous les sept ans une dissonance active entre ces deux planètes et elle n'entraîne pas toujours des conflits. Elle marque cependant une étape décisive dans la situation politique mondiale et entraîne généralement la chute de certains gouvernements, de nouvelles constitutions, un durcissement dans les relations internationales, plus d'intransigeance dans le monde politique. On assiste souvent à la venue au pouvoir de personnages politiques forts, de dictateurs.

Nous ne revenons sur cette configuration que pour préciser qu'à partir de juillet surtout on verra les prémices de ces changements et que l'été 1982 pourra être de nouveau un été politiquement chaud et inquiétant.

Janvier, juin et juillet, à part novembre, constituent les étapes les plus importantes et les plus difficiles de l'année. En janvier, ce seront surtout des problèmes économiques et une recrudescence d'inflation, car de mauvaises conditions atmosphériques nuisent aux récoltes. Surgissent aussi des tempêtes et des drames de la mer.

Durant cette période, on risque une recrudescence d'anomalies congénitales, d'épidémies et d'épizooties, surtout chez les poissons et les crustacés. La pollution des eaux augmente et certaines algues peuvent devenir dangereuses; des moustiques et des insectes apparaîtront en grand nombre.

Septembre et octobre pourraient être des mois plus agréables ou marquer plus de stabilité passagère, sans que le monde ne perçoive notablement cette détente, les aspects planétaires de fond étant alors par trop influents.

1983

La conjonction Saturne-Pluton demeure active durant toute l'année et continue d'exercer ses effets[1].

Cependant, en février, la conjonction Jupiter-Uranus tend à apporter une certaine animation sur les marchés mobiliers et boursiers par des hausses et des baisses subites, sans effets à long terme. Au début de l'année, les milieux financiers s'agitent beaucoup sans apporter de grands bienfaits, ni de grands changements. On parle de remaniement du système monétaire, d'innovations hardies, sans passer aux réalisations.

En mai et en juin, on peut craindre quelque baisse boursière imprévue et entendre parler de scandales financiers.

En ces deux mois peut se produire une certaine agitation dans l'enseignement et chez les étudiants.

Mais le reste de l'année est plutôt calme, sauf bien entendu dans les endroits du globe marqués par certains conflits localisés où la tension règne à l'état endémique.

Pour être plus précis, 1983 peut marquer une atténuation de l'état de crise dans lequel se meut le monde depuis une dizaine d'années.

La jeunesse, le monde étudiant se retrouvent dans une période difficile vers la fin de l'année. D'ailleurs, le mois de

---

[1] Voir page 47.

décembre risque de marquer aussi une étape plus inquiétante dans les relations internationales; des tensions diplomatiques peuvent causer des incidents assez sérieux.

C'est un moment difficile aussi dans le monde religieux, et pour les organismes internationaux où sévit un désordre inhabituel.

Il est plus compliqué aussi de légiférer en matière d'accords internationaux, de tarifs douaniers. On note une recrudescence d'incendies, d'accidents d'avion et de transport en commun.

Quelques personnages très influents de la scène publique ou politique disparaîtront probablement.

1984

Une étape plus intéressante et plus favorable commence avec 1984, qui n'est marquée heureusement que de configurations planétaires harmoniques qui se succèdent de mars à juillet : c'est le sextile Neptune-Pluton qui se reforme à trois reprises, tandis qu'en mai Jupiter et Saturne forment aussi un sextile. En juin et en août, Jupiter et Neptune sont en conjonction, aspect neutre qui comporte autant d'avantages que de risques.

Toutes ces configurations planétaires tendent à marquer une détente progressive sur le plan politique et une amélioration de la situation économique mondiale; on bénéficie d'une plus grande stabilité et d'une reprise du rendement dans l'industrie, dans les mines et dans l'agriculture; certaines valeurs sont mieux réparties.

On commence alors à trouver des solutions positives au problème du pétrole, des substituts efficaces et moins dangereux que l'énergie nucléaire; on commence l'exploitation des puits de pétrole jusqu'alors réservés, à cause des frais excessifs de leur utilisation.

On observe également, durant cette année, une réduction, une compression ou une meilleure gestion des fonds publics, ce qui consolide l'équilibre financier mondial.

Il n'est pas d'année parfaite, et 1984 connaîtra aussi deux période délicates, surtout de mi-mai à mi-juin, et en novembre. Au printemps, on peut redouter de nouveau une certaine agitation dans les milieux de l'éducation, des revendications ouvrières assez importantes.

En novembre, des milieux agricoles, miniers, de l'industrie lourde sourdra un certain mécontentement.

Il se peut également que l'on note une légère et passagère baisse des valeurs immobilières et foncières, ou une aggravation des charges fiscales et des taxes sur les immeubles et sur les terrains.

Cependant, en dernier ressort, lorsqu'on fera le bilan de 1984, on s'apercevra qu'il est plus positif que celui de nombreuses années précédentes.

1985

Il se passe, en 1985, des changements et des progrès assez importants.

Tout d'abord, Pluton est définitivement entré dans un nouveau signe, le Scorpion, et Neptune a lui aussi franchi une nouvelle frontière zodiacale, celle du Capricorne. Quant à Saturne, il va passer au Sagittaire[1]. Lorsque de tels faits se présentent simultanément pour trois planètes, cela en amplifie l'importance. Nous entrons donc dans une période de transformations profondes, de refontes de structures, surtout sur le plan politique.

On cherchera principalement à modifier des principes, à réformer des attitudes et l'abord de certains problèmes de doctrine en politique et en religion. Il est possible que l'on revienne à des concepts anciens, mais transformés, adaptés aux circonstances présentes. On cherche à redonner une certaine sécurité d'âme et de conviction aux foules qui aspirent à de nouveaux idéaux.

Sans vouloir rétrograder ou se replonger dans son passé, l'humanité a soif de convictions solides et profondes; on verra sans doute, au cours des quinze prochaines années, se lever de nouveaux missionnaires, religieux et laïques, qui éveilleront l'humanité à de nouvelles mystiques.

---

[1] Saturne au Sagittaire, page 36.

Parallèlement, et paradoxalement, l'année 1985 pourra être riche en progrès scientifiques, notamment dans le domaine des expériences spatiales, de l'énergie solaire et hydro-électrique, et en astro-physique. Les domaines des communications, des transports et de l'informatique seront les plus privilégiés. Néanmoins, ces recherches, infiniment coûteuses, susciteront des protestations et une certaine agitation en mai, en octobre et en novembre.

D'ailleurs, ces trois mois feront redouter des conflits politiques qui pourraient s'envenimer à certaines frontières. On peut prévoir la chute possible de certains gouvernements militaires ou de violents affrontements entre le gouvernement et l'armée dans certains pays en voie de développement. Une fois de plus, il y aura recrudescence de destructions de récolte et, dans certains pays, de mortalité infantile due surtout à la sous-alimentation.

1986

De janvier à mars, le monde connaît à nouveau un certain optimisme : les choses paraissent s'arranger et se stabiliser sur le plan économique et politique, une période de conciliation amène chacun à rechercher des solutions aux problèmes actuels : on transige, on négocie, on multiplie les conférences, les rencontres internationales, on encourage les pacifistes et les médiateurs.

On fait également de grands efforts sur le plan social, on apporte des secours et de l'entraide partout où c'est nécessaire, on planifie, on organise, on remédie à tour de bras.

Mais, le printemps venu, les choses se gâtent et, jusqu'à l'été, les complications et les difficultés s'accumulent. Des mesures économiques gouvernementales, restrictives, suscitent du mécontentement et de l'opposition. Toute la conjoncture économique subit un ralentissement progressif, les valeurs subissent une baisse plus importante que ne le prévoyaient les experts financiers. Tout cela crée une certaine nervosité et on retrouve l'anxiété que l'on croyait disparue pour un bout de temps.

La situation n'est pas dramatique, mais on doit se rendre

compte que les mesures économiques et financières prises quelques années plus tôt ne donnent pas les résultats prévus. On doit affronter des problèmes aussi aigus qu'en 1976-1977.

La situation va durer, plus ou moins instable, durant tout le reste de l'année, avec une intensification des difficultés durant les mois d'octobre et de novembre. À ce moment, on s'apercevra que les charges de l'État en matière d'assurance sociale et d'entraide deviennent de plus en plus lourdes et que certaines innovations en matière financière sont plus coûteuses et restrictives qu'avantageuses: on devra peut-être abandonner aussi des recherches scientifiques onéreuses et réduire les budgets.

Par ailleurs, on peut, tout au long de cette année, craindre certaines flambées de colère et des impulsions dangereuses, pouvant entraîner de petits conflits en certains points du globe, surtout en avril et en septembre-octobre. Les conflits de religion ne seraient pas parmi les moins dangereux.

1987

Dès l'année 1987, Saturne approche d'Uranus, formant lentement une conjonction qui ne sera exacte qu'en 1988, mais dont on commencera déjà à sentir les effets dès le début de 1987. Cette configuration[1] entraîne le commencement d'un cycle de quarante-cinq ans, qui voit souvent un resserrement de l'autoritarisme politique; elle donne le feu vert à des forces d'extrême droite — ou en marque l'apogée — et amène fréquemment au pouvoir des dictateurs ou des régimes disposant de possibilités d'action presque illimitées et imposant une discipline très stricte. Il semble impossible qu'à l'heure actuelle de tels régimes puissent de nouveau prendre vie et durer. Néanmoins, il serait sage de ne pas être trop optimiste et de surveiller attentivement le développement de nouveaux régimes politiques, à quelque endroit du monde que ce soit durant les trois prochaines années.

De février à avril 1987, on ressent le contrecoup d'une situation économique et politique qui s'est détériorée à partir du printemps 1986, et l'on doit compter encore avec quelques

---

[1] Voir page 49.

remous : instabilité en bourse, nervosité des marchés, mesures financières impopulaires, restriction au crédit, avec une période de pointe dans ce malaise vers la fin de mars. Tous les efforts pour tenter une relance économique n'aboutissent guère; même si l'alerte est chaude, elle n'est pas de très longue durée; dès le mois de mai, on peut espérer une lente amélioration à cause de mesures gouvernementales qui modèrent les décisions prises antérieurement, de la compression de certains budgets et de certaines dépenses, d'une gestion plus saine des deniers publics.

Cependant, dès la mi-septembre et au début de l'automne, on pourra connaître encore un peu d'instabilité et d'inquiétude, d'efferverscence. Mais les choses s'arrangeront et l'année se terminera de façon un peu plus optimiste.

Il faut demeurer vigilant cependant, car la grande conjonction Saturne-Uranus qui se prépare et qui sera suivie d'une conjonction Saturne-Neptune, puis la conjonction Uranus-Neptune, ne sont pas des configurations planétaires de tout repos; elles nous rappellent que notre civilisation est en train de se transformer, et que vivre une période historique, si passionnant que cela soit, implique toujours quelques sacrifices.

Le lecteur peut se sentir las de se retrouver toujours devant des conseils de prudence : mais c'est le propre des grandes mutations de ne pas s'opérer dans le calme. Par contre, il est toujours exaltant de participer à un des grands moments de l'Histoire, ne serait-ce qu'à titre de spectateur.

1988

Avec 1988, nous entrons dans une période de près de huit ans qui va sans doute constituer l'étape la plus importante du XXe siècle. Des événements qui vont se préciser au cours de ces années va jaillir le début d'une monde nouveau, en transformation; on pourrait comparer cette époque à celle de 1789, de la Révolution française, et à ce qui en a découlé.

Sans exclure les catastrophes et la violence — plausibles en certains endroits —, il faut surtout imaginer une transformation des idées et des concepts sociaux, une nouvelle « structuration », une nouvelle construction idéale de l'humanité. Ces changements prendront au moins une quarantaine ou une cinquantaine d'années à s'accomplir; car, si le progrès technique est rapide, les transformations psychologiques et politiques de l'humanité continuent à se faire de façon relativement lente.

Pourtant, quelque chose a changé dans l'homme. De plus en plus conscient de ses pouvoirs, il va s'acheminer vers le développement total de ses capacités intellectuelles; au début, une élite seulement explorera, jusqu'en ses limites extrêmes, ses propres facultés cérébrales. Peu à peu, l'homme prend conscience — les savants le lui répètent depuis longtemps — qu'il n'utilise qu'une infime partie de son intelligence et qu'il porte en lui d'innombrables ressources inexploitées, et il s'habituera progressivement à les utiliser. On passe de l'ère de la foi à l'ère de la connaissance.

L'un des phénomènes liés à cette transformation sera la prise de conscience de l'homme d'appartenir à une société, d'en tirer des privilèges, mais aussi d'avoir à assumer des responsabilités et des devoirs pour assurer sa survie. Car il ne fait aucun doute que le « fait social » est peut-être celui qui, de 1988 à 1995, constituera le point crucial du tournant de l'humanité. L'être humain ne peut plus se voir comme une simple individualité. Il doit apprendre à mieux s'insérer dans la collectivité, qui se fait de plus en plus nombreuse. On ne compte plus sur la sélection naturelle — épidémies, catastrophes naturelles, guerres —, pour résoudre le problème de la surpopulation; on tente plutôt de permettre au plus grand nombre de gens de vivre décemment, dans un bien-être relatif, matériel et moral, sans que l'environnement humain ne l'étouffe.

Là encore, il ne s'agit ni d'Eden retrouvé, ni de société idéale, mais de réalité à construire, ce qui nécessitera un minimum de participation de chacun. C'est là le changement de comportement social qu'on peut prévoir. Car si l'humanité devait poursuivre son cheminement actuel et attendre tout des gouvernements pour régler ses problèmes, en maintenant ce que j'appelle sa « mentalité d'assisté social », il est certain que le monde s'acheminerait vers une faillite dépassant en ampleur la grande crise des années 1929-1933, et cela avant la fin du siècle.

Mais, heureusement, un réveil social s'opère dès 1988, sous

la pression des événements, dans une situation politique et économique devenue suffisamment grave.

Cela prendra au moins les huit premiers mois de l'année en palabres, conférences, consultations, pour que percent enfin les premiers résultats; mais à tous les échelons et dans tous les pays, il faudra consentir des restrictions, repenser des structures, abandonner des programmes d'entraide trop libéraux et trouver des solutions de rechange, draconiennes mais indispensables.

Il pourra être question de grands travaux d'intérêt public donnant du travail à plus de gens, avec des salaires décents mais réduits; on parlera de discipline civique, de devoirs civiques, de formation civique. Ce qu'on n'aura pas voulu faire durant la décennie 1970-1980, c'est-à-dire consentir librement à restreindre son train de vie, on le fera plus volontiers maintenant, sous la pression des événements, afin de mieux survivre. Mais en certains pays, la discipline, plus rigoureuse, limitera les libertés politiques, car la conjonction Saturne-Uranus correspond souvent à l'arrivée au pouvoir de partis politiques de droite, ou de dictateurs; par comparaison, il vaut la peine de se souvenir que la dernière de ces configurations s'est faite en 1942, au moment de l'apogée du nazisme et du fascisme.

Mars, août et septembre pourront être des mois particulièrement difficiles en 1988 et correspondre à une certaine agitation sociale.

1989

Durant cette année, toutes les planètes lourdes (Jupiter, Saturne, Uranus, Neptune et Pluton) seront dans des signes « négatifs », sauf que Jupiter transitera brièvement le signe positif des Gémeaux entre la fin de mars et la fin de juillet.

Le poids des événements mondiaux se fait lourdement sentir et il faut, pour que l'humanité puisse assumer son destin, plus d'efforts personnels, d'efforts collectifs, pour faire face à une situation sociale et politique qui continue à se désagréger.

Saturne défait lentement sa conjonction d'avec Uranus, pour en former une nouvelle avec Neptune, ce qui, en fait, constitue un renversement profond de situation. En 1987 et 1988, on a assisté à une remontée des partis politiques de droite et d'extrême droite; maintenant, la gauche refait surface, telle une lame de fond, avec force et puissance. Les affrontements politiques, sociaux et religieux se font aigus, violents, irréversibles; le monde se donne de nouveaux dieux, se tourne vers de nouveaux idéaux, car il a besoin de croire et de faire confiance, et il recherche de nouveaux protecteurs. Sur le plan de la connaissance et du progrès intellectuel, on fait, par rapport aux années précédentes, un recul passager, temps d'arrêt nécessaire pour mieux comprendre les progrès établis et pour repartir bientôt — d'ici un an ou deux — d'un pas plus solide vers un accomplissement plus certain. Cependant, les foules se cherchent de nouveaux sauveurs et sont prêtes à répondre à l'appel des sirènes. C'est un temps idéal pour les faux prophètes aussi bien politiques, sociaux que religieux, qui seront vite démasqués. L'Histoire s'accélère curieusement en cette fin de siècle et les leaders n'ont guère le temps de faire valoir le bien-fondé de leurs théories.

La situation politique est très tendue, très confuse; personne ne sait très bien où le monde va, ni quoi faire pour canaliser les énergies : beaucoup de gens cherchent à s'étourdir, à fuir les réalités, dans l'alcool, les drogues ou certains médicaments consommés abusivement qui n'auront jamais fait autant de dégâts.

Une élite de savants découvre, à travers ce brouillard presque universel, les issues à cette impasse. Ce sera à partir de 1989 qu'on trouvera réellement la solution à la crise du pétrole, et qu'on en découvrira le substitut, encore dans la terre. Toute l'industrie chimique est en pleine transformation et les investissements qui assurent ces changements sont incalculables. Des pays pauvres accèdent à la richesse et au développement, de par la valeur de leur sous-sol, et, inversement, les détenteurs des richesses connaissent une récession rapide. Le monde appartiendra alors à ceux qui auront su attendre et prévoir. En 1989 commence cette transformation et il faudra plus d'une trentaine d'années pour en mesurer tous les effets.

1989 va voir aussi le début de recherches scientifiques marquantes en géologie en vue de mieux comprendre la nature de notre sol, de notre sous-sol et d'en mieux prévoir les réactions. On se rendra compte de l'importance d'explorer autant le globe terrestre que l'espace interstellaire, et ces découvertes contribueront largement au progrès de l'humanité.

1989 ne sera pas une année de tout repos : les débuts du printemps et de l'automne, surtout, vont accuser une instabilité accrue. Une période d'inflation galopante surgira, surtout à l'automne. En effet, pendant qu'un sentiment de fausse sécurité et que les méfaits d'une fausse propagande ont aveuglé les foules, on se rend soudain compte de la précarité de la situation économique. Des revendications salariales, soutenues par des grèves, provoquent de fortes hausses de prix, et la situation, très sérieuse, nécessitera des mesures d'urgence assez sévères — pour rétablir une politique économique et financière plus saine. Dans certains pays, on risque de fortes dévaluations ou des situations financières périlleuses.

Des contrôles économiques plus stricts et des restrictions budgétaires s'imposent.

1990

Le monde entre en 1990 comme en convalescence : on va moins mal qu'en 1989, mais on ne se sent pas encore très fort et on n'a guère le goût d'affronter les problèmes qui exigent une solution.

Pourtant, il faut bien se remettre au travail; la situation générale semble ralentie et, jusqu'en février, la reprise s'opère très lentement.

C'est surtout dans le domaine de l'économie et dans les milieux syndicaux que le ralentissement est le plus fort. Il est difficile d'arriver à des accords et personne n'est prêt à faire des concessions : on s'affronte, on se défie, et le temps passe sans apporter de solution valable. Une brève éclaircie survient durant le mois de juillet et, en août, la tension et les difficultés redoublent. On s'attend à un affaiblissement possible de certaines monnaies, ainsi qu'à une crise possible dans les domaines du blé et de l'agriculture.

Des conditions atmosphériques anormales créent aussi une certaine inquiétude quant à l'ampleur et à la valeur des récoltes.

Malgré tous ces problèmes, l'humanité continue à édifier ses structures nouvelles, avec ténacité, avec acharnement. Certains gouvernements et certains organismes internationaux ressortent plus solides et plus efficaces des difficultés affrontées et surmontées. De nouveaux personnages politiques s'imposent, dont la carrière pourra être couronnée de travaux et de décisions particulièrement utiles à l'équilibre mondial. Ce seront moins des pacificateurs que d'excellents administrateurs, dont le monde a un pressant besoin maintenant.

1991

L'économie mondiale est encore en difficulté. L'inflation cœxiste, paradoxalement, avec la récession. On s'acharne à trouver des solutions provisoires alors qu'il faudrait trouver sans délai des remèdes définitifs, la situation ne cessant de se détériorer. Les charges gouvernementales et sociales sont de plus en plus lourdes et, parallèlement, les charges fiscales s'accroissent; mais on ne trouve plus guère d'individus ni de matières nouvelles à surtaxer. La balance des échanges internationaux s'équilibre à peine et, là encore, les solutions sont rares et provisoires.

Le peuple, las de ces problèmes sans cesse renouvelés, perd son intérêt pour la chose politique et tente de se reposer sur ses élus qui ne peuvent eux-mêmes pas grand-chose. Un certain découragement dans l'air se perçoit surtout en janvier, en juillet et en décembre.

En réalité, il faudra que les gouvernements et les organismes économiques internationaux disposent de plus de pouvoirs pour imposer les directives propres au retour d'un certain équilibre. Cela ne fera pas plaisir à tout le monde. On peut parler de 1991 comme d'une année d'impasse politique et économique.

Durant cette année encore, de mauvaises conditions atmosphériques risquent de compromettre certaines récoltes et, dans certaines régions, il sera question, sinon de famine, du moins d'insuffisance de certaines matières premières.

1992

C'est en 1992 et en 1993 que se fait, à cinq reprises, la grande conjonction Uranus-Neptune qui ne se renouvelle que tous les cent soixante-quinze ans environ. La dernière, vers 1821, nous a valu l'essor du monde industriel moderne. C'était la fin de Napoléon, le début de l'empire britannique, l'indépendance des principaux pays de l'Amérique du Sud; la fin donc de l'hégémonie de l'Espagne et du Portugal dans ces contrées. Toute une partie du monde vécut une transformation.

C'est ce qui se produit de nouveau en cette fin de siècle. Des pays montent tandis que d'autres perdent de leur puissance et de leur importance: une société nouvelle s'affirme. Il ne faut pas s'attendre à ce que tout se passe en 1992 et en 1993. En fait, cette configuration planétaire — par le phénomène de l'orbe — exerce son influence depuis 1885 au moins, et va continuer à le faire jusqu'au début du XXIIe siècle. Mais ce n'est pas avant une trentaine d'années qu'on va ressentir l'importance des événements de 1992-1993 sur l'évolution de la situation mondiale.

C'est sur le plan politique surtout que les transformations les plus profondes s'accompliront, tandis que, dans le domaine économique, on pourra espérer quelques progrès et plus de stabilité durant les mois de juillet et d'août, après avoir connu quelques inquiétudes et flottements jusqu'en juin.

Les conditions atmosphériques vont être très sérieusement perturbées en juin et en décembre: tempêtes, raz de marée dans certaines contrées, destructions de récoltes pour l'été, sous nos latitudes, et en décembre dans l'hémisphère Sud, grands froids et difficultés de ravitaillement dans certaines contrées. Durant toute l'année comme en 1993, on peut s'attendre aussi à des catastrophes dues au pétrole, aux industries chimiques et à l'énergie nucléaire.

1993

1993 s'inscrit exactement dans la ligne de 1992; toute l'année est sous la domination de la conjonction Uranus-Neptune qui se répète constamment[1].

Une autre dissonance sérieuse s'inscrit cette année: une quadrature Saturne-Pluton, extrêmement dangereuse pour l'é-

---

[1] Voir page 51.

quilibre politique du monde. Sous de telles influences, on peut redouter des conflits sérieux, une aggravation de la tension internationale, la chute de certains gouvernements.

1993 réveille et exaspère les sentiments nationalistes, et les foudres de guerre font peser de sérieuses menaces sur la paix du monde. Les mois de mai, de juin et de novembre vont être parmi les plus difficiles de l'année, économiquement, socialement et politiquement. Il y aura recrudescence aussi de catastrophes aériennes, maritimes ou industrielles. On semble atteindre ici à une paroxysme de désordre ou, tout au moins, à des menaces extrêmement sérieuses de conflits; il faudra toute la diplomatie et la sagesse des hommes politiques du moment pour éviter le pire. Comme il arrive chaque fois dans les moments de crise, on verra se lever d'ardents pacifistes, essayant de susciter de grands mouvements de paix à travers tout le monde (Jupiter à la Balance approchant d'une trigone de Saturne, exact en octobre).

1994

Cette année débute, de façon bizarre, par une grande conjonction Vénus-Mercure-Mars-Soleil au Capricorne. Une fois de plus, la situation politique sera très animée; on vivra beaucoup de conférences, de tensions et de conflits; mais il apparaîtra surtout une volonté déterminée de mettre fin à des situations ambiguës.

La conjonction Uranus-Neptune est toujours pleinement active, mais améliorée, en quelque sorte, par un sextile de Jupiter en octobre et en novembre.

Même si l'année commence dans un climat politique et économique particulièrement tendu, les choses vont s'améliorer lentement, après une période de flottement vers le mois de mai; ce mois de mai pourra correspondre à de l'agitation dans les milieux agricoles, puis dans les milieux étudiants. On parle de nouveau de ségrégation, sociale ou raciale, ou nationaliste.

Par contre, la situation économique s'améliore dès l'été; sous l'effet d'une dirigisme d'État, la liberté s'amenuise, mais les finances s'équilibrent.

Il est vraisemblable que d'importantes industries nouvelles

entrent en production à partir de la fin de l'année et apportent les résultats escomptés.

Dans le domaine scientifique, on prévoit des découvertes importantes en génétique, notamment au sujet de maladies ou d'anomalies congénitales qui ont affecté beaucoup de nouveau-nés au cours de ces dernières années. D'autres importantes découvertes toucheront le processus de la mort.

1995

1995 va marquer le début d'une période de grandes découvertes technologiques et scientifiques qui vont permettre à l'humanité de faire un bond prodigieux dans le domaine des connaissances et de la maîtrise sur la matière. Ces découvertes mettront à la portée de l'homme de nouvelles sources d'énergie et de nouvelles ressources alimentaires, tirées aussi bien de l'eau que de la terre, et fabriquées industriellement. (Pluton au Scorpion, en sextile à Uranus, puis bientôt à Neptune, et Saturne formant un sextile à Uranus et à Neptune.)

On aura rarement vu jusqu'ici des découvertes dans des domaines aussi variés; cette période constitue vraiment une étape privilégiée dans l'histoire du génie créateur humain. Contraints par la nécessité des temps difficiles, des savants parviennent à des progrès pami les plus remarquables qu'on ait obtenus jusqu'ici.

On commence aussi à pressentir l'élaboration de nouvelles structures politiques internationales, beaucoup plus fluides, beaucoup plus tolérantes. Le monde commence une certaine fusion politique, les deux grands blocs antagonistes étant devenus trop dangereux l'un pour l'autre, l'un par l'autre. Là encore, c'est plus une question de nécessité et de survie qui préside à cette union que des sentiments de fraternité universelle. Mais, pour le moment, seuls les résultats que l'on commence à percevoir comptent.

Durant cette année 1995, la situation économique demeure sérieuse, tant à l'Est qu'à l'Ouest; en certaines contrées, de graves difficultés financières peuvent mettre en péril les gouvernements. Les dépenses publiques excessives, les balances des échanges commerciaux déficitaires, les charges sociales beaucoup trop lourdes, le chômage sont autant de problèmes qui demandent des solutions urgentes et qu'on tarde à résoudre, sous la pression des événements. On risque de voir des récoltes détruites par le feu et des produits de la mer devenus non comestibles, ce qui peut ajouter à une pénurie de produits alimentaires. Les quatre premiers mois de l'année de même qu'octobre et novembre constituent les mois les plus critiques de cette année.

1996

Grande et importante sera l'année 1996, puisque trois planètes lourdes changent de signe zodiacal. Uranus entre dans son propre signe, le Verseau, Pluton passe définitivement du Scorpion au Sagittaire et Saturne commence un nouveau cycle en entrant dans le signe du Bélier.[1]

Beaucoup de choses changent dans la conception que l'humanité a de la vie sur notre terre. On va procéder à des changements d'attitude, de comportement et d'habitudes et expérimenter de nouvelles techniques dans l'éducation, dans les relations internationales et dans l'exercice des droits politiques. Comme toujours, lorsqu'il s'agit d'événements collectifs, on n'en voit pas immédiatement les effets, qui prendront environ cinq ans à se faire sentir.

Néanmoins, un peu partout dans le monde, on s'agite, on se démène pour résoudre les problèmes. On ne se contente plus d'assister au déroulement des événements, on tient à y participer.

Certaines propagandes politiques ou nationalistes tentent de reprendre de la vigueur, sans toutefois rencontrer trop d'approbation. Le monde, plus tolérant en matière internationale, force les fanatiques politiques ou nationalistes à travailler dans l'ombre : ils se fabriquent des martyrs qu'ils feront apparaître dans des moments plus propices. Il conviendra de surveiller en particulier l'agitation politique localisée en mars-avril et en octobre 1996, car elle sera le ferment de troubles sociaux et politiques beaucoup plus sérieux qui éclateront six ou sept ans plus tard aux mêmes points du globe.

---

[1] Voir Saturne au Bélier, page 23.

En 1996, de nouvelles personnalités politiques s'affirment et prennent une part active à la sorte de restructuration mondiale ou d'organismes mondiaux à laquelle on assiste actuellement.

On met en application des découvertes scientifiques récentes qui donnent d'excellents résultats; on crée de nouvelles industries qui, par leur importante production d'énergie et d'aliments, vont devenir peu à peu de véritables puissances politiques qui influeront sur le destin du monde (Saturne au Bélier en trigone à Pluton et en sextile à Uranus).

Sur le plan économique, les choses vont plus lentement : on cristallise beaucoup d'efforts vers une meilleure répartition des richesses. On s'achemine vers un dirigisme économique de plus en plus rigide; on fait des concessions aussi bien du côté des employeurs que des forces ouvrières, par nécessité d'une part comme de l'autre. Les entreprises indépendantes, de plus en plus rares, voient leur liberté d'action tellement restreinte qu'elles s'apparentent étroitement aux entreprises nationalisées.

1997

L'année 1997 revêt une extrême importance, aussi bien sur le plan politique que sur le plan économique.

Beaucoup de choses se mettent en place, et l'on passe des grandes théories des dernières années à l'application de mesures économiques précises, nouvelles, révolutionnaires même à certains moments, pour revenir à certaines données traditionnelles valables et rassurantes. Les découvertes scientifiques des dernières années commencent à donner un rendement extrêmement intéressant dans le domaine de l'industrie, de l'énergie et des communications et ouvrent de nouveaux débouchés et des emplois nouveaux. On fait un nouveau bond dans le domaine spatial, de l'informatique ou de ce qui lui succède. On maîtrise mieux les éléments comme la température et les conditions climatologiques; pourtant, on peut s'attendre encore, en mars et en septembre, à des tempêtes, des orages, des destructions de récoltes, des épizooties ou des destructions d'animaux, de poissons ou de produits de la mer.

Durant cette année, peuvent apparaître de nouvelles maladies ou des épidémies de grippes extrêmement sérieuses : la santé publique en est affectée, au printemps et à l'automne. On note une recrudescence de maladies gastro-intestinales dues à des produits toxiques, ainsi que des dépressions et des aliénations.

1998

À partir de cette année, Neptune entre à son tour définitivement dans le signe du Verseau et l'on assiste à une curieuse transformation de l'idéologie de gauche. Alors que les dernières années marquaient surtout une sorte de nivellement politique collectif, on se tourne maintenant vers un réveil de l'individualisme. Et c'est dans les milieux d'extrême gauche que l'on va trouver les novateurs les plus audacieux, les êtres les plus tournés vers un individualisme d'avant-garde.

Dans les milieux religieux s'opère aussi une transformation profonde; on ne veut plus seulement croire, mais aussi comprendre et mettre cette connaissance à la portée de tous les fidèles. Dans ce domaine on innove aussi avec l'ardeur, parfois maladroite, des néophytes.

Un peu partout dans le monde, on assiste à un renouveau spirituel et intellectuel; ce nouveau courant va se maintenir pendant près d'une dizaine d'années. Cela ne va pas sans créer des remous parmi les tenants des anciennes idéologies (Saturne quadrature Neptune) qui chercheront à défendre âprement leurs convictions. Mais leur lutte est sans espoir, car l'aube de temps nouveaux pointe alors que leurs croyances et leurs pouvoirs appartiennent déjà au passé.

Dans certains pays en février, en mars et de juin à novembre, certaines Églises et certains partis politiques pourront se voir retirer leurs privilèges et leurs pouvoirs; il pourra en être de même de certains syndicats ou organisations professionnelles orientés politiquement. Des personnages de premier plan disparaissent de la scène politique, après une longue et fructueuse carrière. Le monde appartient aux jeunes, aux forces nouvelles, à tous ceux qui sont tournés vers l'avenir. Une sorte d'exaltation, due vraisemblablement à la proximité de 2000, incite à ériger en dogme le besoin de renouvellement.

1999

On a célébré trop tôt le renouveau; la fête est finie, et les difficultés recommencent. Les différences, les antagonismes qu'on s'était efforcé d'oublier sous la contrainte des événements, ressurgissent; de nouvelles élites s'affrontent et l'on s'aperçoit, une fois de plus, qu'il est difficile de créer une société idéale.

C'est au niveau des idées, des concepts, des dogmes, et au moment où il faut leur donner une structure juridique (Jupiter quadrature Neptune, Saturne quadrature Neptune, Saturne quadrature Uranus) que les divergences se révèlent et elles ne sont pas près de se régler. Cela donnera l'occasion de créer maintes commissions et sous-commissions pour établir des projets aussi confus que compliqués et en arriver à des atermoiements.

Des leaders, aux idées opposées, s'affrontent durement; on assiste à des luttes pour le pouvoir parmi les chefs de file, à de brusques revirements d'opinions, surtout en février et en août. D'ailleurs tout l'été est effervescent et, jusqu'à la fin de l'automne, la situation politique demeure tendue. Mais il y a plus de batailles verbales que de conflits réels, sauf peut-être en août où les passions sont exacerbées. Ce mois peut correspondre à de grandes catastrophes aériennes ou spatiales et à des orages destructeurs. Les récoltes de blé et de céréales semblent compromises en certains pays.

Des scissions au sein des groupements politiques ralentissent la solution des problèmes internationaux devenus urgents. Et l'on se rend compte qu'il est parfois plus difficile de s'entendre au sein de groupes compacts qu'entre adversaires. Il y a de la rancœur, de l'agressivité et beaucoup d'intransigeance dans le comportement des hommes ou des factions au pouvoir durant cette année et cette amertume crée un pessimisme général. On connaît de nouveau une certaine crainte de l'avenir.

2000

Curieusement, l'année 2000, qui devrait être le point de départ de maintes expériences nouvelles, s'ouvre sur un recul; en effet, la conjonction Jupiter-Saturne, qui se forme en avril dans le signe du Taureau, replace ces deux planètes dans l'ordre naturel du cycle des signes de terre dans lequel elles sont entrées en 1842 et qu'elles avaient bizarrement quitté en 1981, provoquant ainsi tous les remous politiques et économiques des vingt dernières années[1].

Par contre, nous pouvons être assurés d'ores et déjà que les vingt premières années du XXIe siècle, et peut-être même les quarante premières années de ce siècle, verront le retour à une économie plus traditionnelle, avec de nouvelles formes d'entreprises et d'industries privées, avec des classes sociales non plus déterminées sur le savoir ou sur la compétence, mais sur les avoirs, un peu dans la note de la notion de bourgeoisie et de prolétariat des années 1890-1960. Il va sans dire qu'on évite les méthodes désuètes pour ne pas recommencer les mêmes erreurs; on desserre progressivement le dirigisme économique pour redonner vie à la propriété privée, pour réinjecter une nouvelle vie à l'économie mondiale et réinsuffler un certain dynamisme, une certaine ambition dans le but de favoriser l'expansion des affaires. On doit bien convenir que ces vingt ou quarante prochaines années ne constitueront qu'une étape provisoire dans l'organisation de l'économie mondiale qui s'acheminera, dès le milieu du XXIe siècle, vers une structure entièrement et définitivement renouvelée. Elle sera basée partiellement sur les expérience avant-gardistes que l'humanité aura tentées entre 1980 et 1999, à un moment où elle n'était pas encore prête à en comprendre l'efficacité, ce qui a conduit à la faillite provisoire de ce dirigisme économique prématuré.

On s'est trop réjoui ou trop inquiété de ce que 2000 va apporter: cela ne correspondra pas à l'image qu'on s'en était faite. Croyant vivre des expériences sans pareille, on doit revenir passagèrement au bon vieux temps. Au lieu des quatre éclipses traditionnelles, on en connaît six en 2000, ce qui assombrit quatre ou cinq mois, dont les plus difficiles pourraient être janvier, février, juillet, août et décembre, l'été étant particulièrement dur.

Les conflits idéologiques sont âpres et la jeunesse turbulente. L'humanité en a assez des grandes idées, des grands concepts, des

[1] Voir page 43.

grands discours; elle se penche à nouveau vers les réalités plus concrètes, plus tangibles et les exige. Tout se passe à un rythme rapide; au théâtre de la vie, le monde reprend ses anciens décors.

Chapitre VI

Comment ira le monde d'ici l'an 2000

Le temps et l'espace nous manquent pour analyser chacun des pays de la terre, dans son évolution d'ici l'an 2000. Et c'est regrettable, car ne sont pas automatiquement les pays qui ont actuellement la vedette sur le plan mondial qui la conserveront jusqu'à la fin du siècle. Ainsi que nous l'avons vu dans les pages précédentes, de profondes transformations s'opèrent sur l'échiquier politique et économique mondial, et des pays considérés jusqu'ici comme forts vont perdre une partie de leur puissance, au profit d'autres pays jusque là réputés pauvres ou en voie de développement, et qui soudain, grâce à la nature de leur sol ou de leur sous-sol, réservoirs des nouvelles formes d'énergie, vont accéder à la richesse et à un certain pouvoir.

Il est bien évident cependant que les grands actuels, l'Amérique, l'Europe, l'URSS et la Chine, demeurent les points clés du monde d'ici la fin du siècle, et nous allons consacrer la plus grande partie de ce chapitre à l'étude de leur proche devenir. Nous allons voir tout d'abord ce qui se passe en Europe, en URSS, en Amérique, puis en Chine et au Japon; nous terminerons par un aperçu de l'avenir des pays du pétrole, de l'Afrique et de l'Australie, contrées pour lesquelles nous n'avons malheureusement que peu d'informations précises.

Pour établir des prévisions mondiales très complètes et précises, il conviendrait d'analyser non seulement le thème des pays, mais celui des hommes politiques qui les gouvernent. C'est ce que nous faisons lorsque nous établissons des prévisions annuelles, ou à court terme.

Par contre, lorsque nous avons à établir des prévisions à

longue échéance, nous devons automatiquement exclure de notre recherche le destin des hommes politiques, car il n'en est point vraisemblablement dont l'action pourrait durer continuellement jusqu'en l'an 2000.

Chaque pays sera donc analysé en fonction du thème de sa dernière constitution. Si en cours de route, d'ici la fin du siècle, certains des pays dont nous ferons l'analyse ici devaient changer de constitution, les prévisions que nous faisons à leur sujet deviendraient non valables dès ce changement.

Il convient de retenir en outre que l'influence des configurations planétaires dont nous allons parler plus loin pourra se faire sentir déjà un peu avant et encore un peu après les dates que nous mentionnerons.

L'EUROPE d'ici l'an 2000

Nous ne nous attacherons à analyser que des pays qui jouent un rôle sur le plan économique et politique dans le monde, ce qui ne veut pas dire que nous sous-estimons l'importance des autres pays dont il ne sera pas fait mention ici, et cette remarque est vraie non seulement pour l'Europe, mais aussi pour les autres continents. Cela ne veut pas dire que certains pays ne vont pas connaître des événements de première importance d'ici la fin du siècle; mais nous n'avons pas en mains tous les éléments qui nous permettraient d'établir des prévisions à leur sujet.

L'Allemagne

L'Allemagne de l'Ouest s'est donné une nouvelle constitution, appelée Loi fondamentale, en date du 23 mai 1949 à Bonn. Une semaine plus tard, le 30 mai de la même année, l'Allemagne de l'Est s'en forgeait une à son tour, si bien que les destins des deux Allemagnes restent liés étroitement. La Lune, opposée avec Neptune dans le thème de l'Allemagne de l'Ouest, devient en quadrature dans le thème de l'Allemagne de l'Est. Mars, qui ne forme de quadrature qu'avec Pluton dans le thème ouest-allemand, forme une double quadrature avec Pluton et avec Saturne dans le thème est-allemand.

L'Allemagne de l'Ouest

La première question qui vient à l'esprit lorsqu'on parle de l'Allemagne, c'est celle de la réunification, et il ne fait nul doute que quelle que soit l'attitude actuelle des deux gouvernements face à l'opinion publique, on va assister à une intensification des rapports officieux ou diplomatiques qui traiteront de la question.

Mais il faudra attendre sans doute les années 1988 et 89 pour que l'on passe de l'idée à l'action, des préambules aux accords de principe. Si l'on ne parvient pas à des ententes à ces dates, on risque d'attendre de longues années encore une solution à ces problèmes.

1981 verra un renforcement de l'économie ouest-allemande et une utilisation intelligente par ce pays des nouvelles mesures financières mises en œuvre à travers le monde entier pour contrer les difficultés économiques actuelles. Il semble qu'à ce moment, l'Allemagne de l'Ouest soit en mesure, sinon de dicter ses lois en matière d'entraide financière ou économique, du moins d'obtenir des garanties confortables et des moyens d'actions d'envergure pour contrôler ses investissements.

En 1982, on semble profiter des événements extérieurs pour consolider les positions acquises sur le plan politique international et pour resserrer certains liens avec l'Allemagne de l'Est, peut-être dans les coulisses encore, mais peut-être aussi de façon beaucoup plus publique. L'Allemagne de l'Ouest est amenée à prendre position de façon très nette face à des désordres ou à des conflits internationaux; mais qui dit soutien politique ne veut pas dire automatiquement aide directe.

Les années 1988-89-90 sont dures et difficiles pour les deux Allemagnes comme pour le reste du monde. De profondes transformations se font à l'intérieur et à l'extérieur, tant sur le plan social que politique; la lutte politique s'intensifie gravement; il n'est plus question de demeurer neutre, ni de dominer, car le pays est tout entier engagé dans les événements et dans les luttes du moment. Et il faudra sans doute attendre 1993 pour être en mesure de voir se dégager une orientation nouvelle du destin de l'Allemagne. Les troubles de caractère social seront sans doute les problèmes les plus graves qu'il faudra résoudre. Des idéologies profondément contraires vont s'opposer, avant qu'on réussisse à s'entendre ou à co-exister; dans cette lutte, chaque partie va se trouver transformée. À partir de 1997, on assiste à une reprise économique importante; on expérimente de nouvelles formules de planification financière et sociale; on regroupe des forces. L'Allemagne sera peut-être le seul pays à poursuivre son élan vers l'avenir, en l'an 2000, sans se laisser gagner par l'espèce de nostalgie bizarre qui incitera maints autres pays à faire un bref retour sur le passé, au seuil du XXIe siècle.

L'Allemagne de l'Est

L'Allemagne de l'Est va suivre dans les grandes lignes le destin de l'Allemagne de l'Ouest, mais avec les limitations qui lui sont imparties par les pays de l'Est. Cependant, à partir de 1986 et de 1987, on va assister à une détérioration du climat social du pays; à l'intérieur du Parti, et au sein de certains groupements politiques, de sourdes oppositions se précisent et ne vont que s'aggraver d'ici les années 1988 et 1990, qui vont marquer réellement le point culminant des crises auxquelles on peut s'attendre dans ce pays, soit directement, soit en fonction de l'évolution des événements internationaux d'alors.

Ainsi que nous l'avons dit plus haut, cette conclusion pourra s'appliquer jusque vers 1993, et ce n'est qu'à partir de ce moment que l'Allemagne de l'Est pourra tourner son regard vers un avenir plus prometteur.

L'Angleterre

Si l'on observe le thème établi pour la monarchie anglaise à la date du 25 décembre 1066 à Londres à midi, et qui donne habituellement de bon résultats comme document de base lorsqu'on veut établir des prévisions pour la Grande-Bretagne, on s'aperçoit que ce pays va devoir prendre des mesures drastiques dans les milieux financiers nationaux et mondiaux pour procéder à un assainissement de son économie. On devra couper largement dans certains budgets, donner plus de lest à l'économie privée, soutenir les milieux agricoles et encourager l'élevage, restreindre les charges de l'assistance sociale tout en améliorant et en modernisant les conditions de travail dans l'industrie, décentraliser certaines entreprises et certaines industries. Ce sera le temps des sacrifices consentis autant par les ouvriers que par le patronat et le gouvernement; les restrictions seront acceptées parce qu'elles s'appuieront sur des programmes bien structurés et qui seuls pourront amener l'Angleterre à sortir de son marasme. Politiquement, l'Angleterre traverse une période difficile de 1980 à 82.

Les fruits de ces efforts seront apparents dès 1984 et continueront à se multiplier au cours des années 1986-1987 et 88. Durant cette dernière année, la Grande-Bretagne aborde un nouveau tournant de son histoire : après sa réforme économique, elle parvient à envisager une profonde réforme politique. Mais l'orientation définitive est difficile à prendre, et le pays sera ballotté entre des courants très contraires, pouvant aller de l'extrême droite en 1988 à l'extrême gauche en 1989, pour aboutir à un compromis à partir de 1993 et atteindre l'équilibre vers 1996, aussi bien sur le plan économique que politique.

Il est probable que la monarchie anglaise aura cessé d'exister aux alentours de 1989 et que si elle devait subsister, ce serait essentiellement sous une forme de prestige sans pouvoir. Cela ne veut pas dire qu'il y aura révolution en Grande-Bretagne, mais que, sans doute, le monarque d'alors prendra la décision de mettre fin à une situation devenue archaïque et qui constituera plus une charge qu'un privilège face aux transformations internationales du moment.

Vers 1998, la Grande-Bretagne devra prendre garde à un retour aux nationalisations intempestives, aux charges financières gouvernementales excessives, à la surtaxation, aux programmes d'assistance sociale trop généreux pour ses moyens, si elle tient à ne pas se retrouver, dans les 10 prochaines années, dans une situation financière redevenue précaire.

Si elle sait éviter cet écueil, elle pourra bénéficier d'au moins 40 années de retour à une certaine prospérité et à une certaine grandeur.

De grands philosophes, de grands penseurs, de grands idéalistes britanniques vont exercer une influence déterminante sur l'évolution de la pensée mondiale durant les 10 dernières années du millénaire.

La Belgique

Il faudra attendre au moins jusqu'à 1982 pour que les relations entre Flamands et Wallons se replacent et que le pays soit à même de se reprendre en main pour se construire à nouveau une économie plus stable et plus solide, les passions politiques étant apaisées. Jusque-là, les troubles intérieurs vont être préjudiciables à l'économie belge tout entière, et cela à un moment où tous les efforts devraient se concentrer sur la solution des problèmes financiers ou d'organisation du travail. En effet, les années 1980-81 correspondent à une situation économique extrêmement sérieuse et détériorée, et ce n'est que vers 1982 que l'on commencera à reparler d'une lente remontée financière dans le pays. Ce sont les valeurs immobilières et foncières qui remonteront tout d'abord, puis les exploitations agricoles, et enfin l'industrie.

La Belgique va être au cœur des problèmes internationaux majeurs des années 1989-93. Est-ce parce qu'elle est le siège de la Communauté économique européenne ? C'est en étudiant plus loin le thème de cette CEE que nous pourrons le dire.

À partir de 1997, la Belgique pourra connaître une évolution considérable, qui ne va que s'affirmer aux alentours de l'an 2000, alors que ce pays connaîtra à nouveau une période de prestige et de stabilité.

Les Pays-Bas

Il est curieux de voir que les Pays-Bas vont connaître une évolution assez solitaire, assez en marge du reste du monde, au cours des 30 prochaines années; non pas que ce pays périclite, au contraire; mais, à maintes reprises, les échos des événements extérieurs ne vont faire que l'effleurer : il va prendre quelques initiatives audacieuses dans le domaine de la marine ou de l'industrie et de la pêche; il va se révéler une plaque tournante au niveau du trafic mondial et du transport de certains produits nécessaires à l'industrie nucléaire et aéronautique, et tout ce qu'il va construire dans ce domaine au cours de ces deux années va suffire à assurer son évolution d'ici la fin du millénaire. Il est possible aussi que le gouvernement prenne des mesures plus drastiques au sujet de la liberté des mœurs et de l'usage de la drogue. Il souffle un vent de réforme sur le pays tout entier, mais cela va se faire plus tranquillement qu'ailleurs.

En 1989-90, le gouvernement aura sans doute à affronter une opposition sérieuse, qui résultera plus des répercussions des événements internationaux du moment que de troubles internes.

Quelques problèmes budgétaires vers 1997, puis un rétablissement d'équilibre financier et économique d'ici la fin du siècle.

La France

Pour la France, nous tenons compte du thème astrologique établi pour le 6 octobre 1958, à 18 h 20 à Paris, date de la constitution de la cinquième République française. C'est ce qui nous permit d'écrire déjà :

On sait que la France est toujours très sensible aux conjonctions Jupiter/Saturne. Or, la conjonction Jupiter/Saturne de la fin de 1980 et du début de 1981 ne va pas faire exception à la règle et l'on peut s'attendre à de profondes modifications ou à la mise en place de structures nouvelles au cours de ces deux années dans les milieux politiques et gouvernementaux français.

Ce tournant, la France vient de le prendre en élisant un gouvernement socialiste.

De 1982 à 1984, la France va s'orienter de nouveau vers une mission plus internationale de très grande envergure; elle se voudra l'initiatrice de projets internationaux d'entraide ou de culture remarquables; mais comme un peu partout dans le monde on assiste au réveil des nationalismes et des régionalismes suscitant des conflits et des tensions, ces initiatives risquent fort d'alimenter des affrontements sans fin.

Comme elle aura précédé presque tous les autres pays sur la piste des expériences sociales, économiques et politiques les plus variées, la France, lorsque le monde entrera, à partir de 1988-1989, dans sa période de difficultés, s'en trouvera presque libérée, ou tout au moins sera plus aguerrie pour y faire face.

Par contre, ce pays risque d'affronter, à partir de 1996, une nouvelle étape difficile en tentant d'adopter une politique économique et sociale d'avant-garde qui lui coûtera extrêmement cher, en argent et en illusions. Certains hommes politiques s'y perdront et ne parviendront pas à refaire une carrière publique.

Au seuil de l'an 2000, la France hésitera entre miser sur le passé ou miser sur l'avenir. Ce flottement influencera la réussite des initiatives prises pour fêter le nouveau millénaire. On peut être certain que celles-ci seront coûteuses et que la note paraîtra particulièrement lourde aux contribuables français.

L'Italie

Le problème économique et social de l'Italie est loin d'être réglé; la situation générale va continuer à se détériorer, pour atteindre un point culminant en 1981-1982. Il sera difficile alors de demeurer indifférent aux décisions d'extrême urgence que le gouvernement italien devra prendre pour assurer sa survie; il sera sans doute nécessaire de faire des coupures importantes dans des domaines aussi essentiels que l'éducation, les services de santé et de sécurité sociale, ainsi que dans les transports.

Ce malaise social profond peut provoquer des actes de violence. Cette effervescence pourra durer jusque vers 1984, empêchant ainsi d'apporter une solution globale à l'ensemble des problèmes du pays. Chaque fois que le gouvernement italien pense avoir réglé un problème dans une partie du pays, voilà que surgissent d'autres complications dans d'autres régions. Lorsqu'on doit sans cesse colmater des brèches, il est difficile de construire un édifice solide. La situation se complique d'autant plus que l'accès des femmes à la vie publique va se heurter sans cesse à des oppositions farouches; mais les femmes italiennes — si l'on en croit le thème de leur pays — sont bien décidées à continuer leur lutte pour l'amélioration de leurs conditions d'existence, leur pleine participation à la vie publique et le respect de tous leurs droits. Cette lutte pourra donner lieu, vers les années 1983-1986, à des affrontements extrêmement sérieux.

Les années 1987, 1988 et 1989 pourront coïncider avec une crise sérieuse dans le domaine social et politique, de même que dans l'Église. Les idéologies les plus extrémistes s'opposent dans le cadre de conflits profonds. La situation devient confuse et l'on s'épuise en vaines batailles. Comme c'est le moment de tourner une page de l'histoire, on se sent quelque peu désemparé devant la faillite d'idéaux dans lesquels on a longtemps cru. Durant cette période de détérioration morale, remplie de faux prophètes et de faux paradis, on use et on abuse de tous les moyens de fuite disponibles. Ce n'est que vers 1995-1996-1998 que le pays se ressaisira et se tournera vers des lendemains plus prometteurs. La jeunesse, surtout, sera avide alors d'idéaux plus purs et se décidera à prendre en main son propre destin; elle étonnera par la qualité de ses projets et par l'envergure de ses aspirations, par le sérieux et l'efficacité avec lesquels elle réalisera ses objectifs. Cette génération entièrement tournée vers l'avenir sera capable de grandes réalisations, dont bénéficiera le pays tout entier.

La Suisse

Malgré l'exiguité de son territoire, la Suisse a sa place dans l'étude des prévisions économiques et politiques de cette étrange fin de siècle. Coffre-fort des pays occidentaux et des autres, sa situation bancaire privilégiée en fait un des points tournants de l'équilibre économique mondial.

La Suisse a atteint, vers 1972, l'apogée de sa mission bancaire internationale. Lorsqu'elle fera son bilan, à la fin de ce siècle, elle s'apercevra que les événements politiques internationaux de 1975 à 1977 auront marqué le début de difficultés et d'antagonismes qui saperont lentement mais sûrement l'équilibre de sa situation privilégiée. Une économie internationale en pleine mutation l'obligera à réviser ses politiques financières et bancaires, et les masses mêmes des capitaux qui lui sont confiés l'empêcheront de manœuvrer avec la souplesse et la rapidité que les circonstances exigeraient. Ce n'est pas qu'elle manque de prévoyance, ni de perspicacité, ni d'information, puisque ses moyens lui permettent d'être toujours là où se traitent les affaires les plus importantes et les plus sûres du monde. Mais on doit bien se rendre compte que la structure économique du monde se transforme lentement et complètement. Pour éviter des crises comme celle de 1929 à 1933, il lui faut recourir à des manipulations artificielles extrêmement subtiles, qui sont à l'opposé même des traditions financières des banques suisses. Ces dernières devront s'adapter au système, mais il est possible que, dans l'élaboration des techniques économiques de demain, on leur demande d'assurer l'arrière-garde sécurisante, gardienne des valeurs stables, alors que dans d'autres pays, on misera hardiment sur des spéculations beaucoup plus prestigieuses aux yeux de la clientèle internationale. On sait que, sur une longue période, la Suisse sera gagnante, puisqu'en 2000 on revient pour une vingtaine ou pour une quarantaine d'années à une économie plus traditionnelle; néanmoins, dès 1982-1984, et jusque vers la fin du siècle, la Suisse pourra connaître une sorte de retraite dorée, du moins en apparence.

Des difficultés politiques assez sérieuses et de violentes oppositions au gouvernement, qu'on accusera d'être rétrograde, sont probables au cours de 1983 et de 1984, années difficiles aussi pour l'industrie et l'agriculture. Par contre, au cours des années ardues sur le plan international, de 1988 à 1993, la Suisse semble à l'abri de difficultés majeures ou s'y adapte assez bien. À partir de 1995, elle consolide de nouveau ses positions sur les grands marchés internationaux; elle réapparaît au grand jour, après avoir manœuvré efficacement, mais en coulisse, pendant quelques années.

L’Espagne

L’Espagne va avoir à lutter en 1981 pour trouver son équilibre politique. Pourtant, un courant vers la gauche semble irréversible, qui s’accentue très fortement de 1980 à 1982. Le pays aura alors à affronter des difficultés économiques et politiques très graves, qui risquent de perdurer jusqu’en 1990.

La courageuse Espagne s’achemine vers des années difficiles. À ses problèmes intérieurs, il lui faudra ajouter encore les désagréments de pressions extérieures et internationales très fortes, qui limiteront ses forces de réaction. Les dix dernières années du siècle lui permettront d’amorcer une lente et pénible remontée, marquée d’une forte émigration de sa jeunesse. 1999 pourrait marquer une reprise plus nette de son économie, et plus de stabilité pour son gouvernement.

Le Portugal

Le Portugal s’est donné une nouvelle constitution, le 25 avril 1976, qui va servir de base à notre analyse de son proche avenir.

Les problèmes économiques que va affronter le Portugal vont l’amener sans doute à participer aux grandes manœuvres financières et économiques internationales — remaniement, réévaluation des monnaies, plans d’ensemble, mesures financières provisoires — qui s’annoncent pour 1981. Sa liberté économique s’en trouvera restreinte, pendant que sa prospérité s’améliorera, ce qui paraît indispensable pour le pays.

En 1982-1983, un tournant politique s’amorce et peut se traduire par l’accession au pouvoir d’un gouvernement assez rigide, tourné plus vers la droite que vers la gauche, semble-t-il.

De 1990 à 1997, la situation politique et économique devient plus confuse. En effet, le pays a de la peine à voir clair dans ses problèmes, qui se multiplient et s’amplifient à l’infini.

Certaines structures craquent, rendant le destin du pays particulièrement fragile; l’industrialisation traverse une crise dangereuse. L’adaptation aux temps modernes se fait à contresens, ce qui est curieux pour un pays qui a eu un grand passé.

L'entrée dans le nouveau millénaire se fait péniblement. Mais, dès 2003-2004, le Portugal va se ressaisir et rattraper largement le temps perdu, construisant ainsi son avenir sur des bases économiques et politiques plus saines.

Signalons encore que le Portugal pourrait être un des pays qui auraient le plus à souffrir de l'implantation d'une centrale nucléaire sur son sol, si cela devait se produire.

L'URSS

L'URSS est sans doute le pays qui va connaître les plus profondes transformations au cours des vingt-cinq prochaines années. Dès l'été 1977 — disions-nous alors — puis surtout en 1978 et 1979, va souffler un vent de plus grande indépendance parmi les intellectuels et les savants du monde soviétique. Il n'est pas question de révolution, mais d'un accès impérieux à de nouvelles formes de pensée, d'expression et de communication avec l'extérieur. Cette poussée irrésistible ne pourra se concrétiser avant sept ans. Néanmoins, l'Est est en marche et son but sera atteint.

Mais il faudra des années avant que ce courant d'idées atteigne la population et se propage. Il ne s'agit pas d'une révolution politique, mais plutôt d'une évolution intellectuelle irréversible. Il est possible qu'en 1983-1984, celle-ci atteigne une phase culminante; mais il est aussi possible qu'elle éveille une forte répression du gouvernement et qu'elle suscite des affrontements. Néanmoins, on n'aura pas pu empêcher la propagation de grands courants intellectuels libéralistes prônant la liberté de pensée. En effet, des œuvres littéraires d'avant-garde, des manifestes de savants et de professeurs vont être diffusés plus largement, ce qui risque de créer une agitation sérieuse, sans pour autant parvenir à écraser ces idées nouvelles. L'URSS, bon gré mal gré, va s'ouvrir plus largement sur le monde, par l'intermédiaire de ses intellectuels et de ses savants.

Ce n'est qu'en 1983 ou en 1984 qu'on pourra juger du succès de ces entreprises. Cette phase évolutive sera bientôt suivie d'un retour au dirigisme intellectuel. De toute façon, il ne s'agira pas d'un grand coup d'épée dans l'eau, car le mouvement porte en lui un germe vivace. Même s'il devait paraître déraciné en 1983-1984, il ressurgira plus fort en 1991-1992 pour continuer à croître et parvenir à maturité vers 1998-1999.

De toute façon, les années 1983-1984 seront très difficiles pour l'URSS et pour son gouvernement. Des problèmes économiques graves, à l'intérieur, des relations commerciales tendues et compliquées avec les pays satellites et avec l'étranger accompagnés d'un manque de chance dans les initiatives, des vetos intempestifs dans certaines conférences, une trop grande lourdeur et lenteur administrative vont lui faire manquer des possibilités d'expansion et provoquer plus de charges que d'avantages par les contrats signés dans le passé avec certains de ses satellites. Il est possible que les récoltes soient mauvaises durant ces années, nécessitant le recours à des achats massifs à l'étranger, à des conditions financières peu satisfaisantes. Des luttes internes, au gouvernement, entre factions passéistes, traditionnelles, d'une part, et avant-gardistes, d'autre part, compliquent le fonctionnement de la lourde machine administrative. Une certaine imprévoyance dans la formation de personnel qualifié dans le domaine de l'industrie, depuis cinq ans environ, cause des problèmes de main-d'œuvre.

La situation économique et politique difficile de 1983-1984 s'explique d'autant moins que peu auparavant — à la fin de 1980 et durant l'année 1981 — l'URSS aura donné l'impression d'une bonne évolution économique et d'une certaine stabilité politique grâce à de nouvelles mesures administratives assez progressistes dont les premiers résultats auront permis un certain optimisme.

1985 marque de nouveau une certaine reprise générale : on forme des économistes et des industriels actifs, on confie des charges importantes dans les domaines de l'éducation et de l'industrie à des personnes compétentes qui jouissent d'une relative autonomie, et cela dure près de trois ans.

Vers 1988-1989, l'URSS aura à affronter des attaques importantes venant de milieux politiques extrémistes, dans les pays satellites plus qu'au sein de son propre gouvernement. Cela va sans doute l'amener à raidir sa politique internationale et nationale, à se préparer à des affrontements dont il ne faut pas sous-estimer l'importance.

Ces événements conduiront l'URSS à investir des sommes considérables dans des projets de pure propagande et dans des luttes stériles. L'URSS pourra connaître alors une période d'inflation importante qui provoquera le mécontentement de la population. Des luttes plus âpres pour la défense des idéologies politiques et religieuses entraîneront l'affrontement de factions traditionnelles, les secondes étant fortement orientées vers une ouverture plus large de l'URSS sur le monde entier.

En 1990 et en 1991, il est probable que le gouvernement soviétique sera appelé à accepter de profondes modifications de sa politique nationale et internationale, ce qui conduira à une structure politique complètement changée vers 1998 ou 1999. À ce moment, l'URSS tournera une page de son histoire, après bien des luttes, des difficultés et des contradictions avec elle-même, pour affronter un avenir tout différent de la mission qu'elle s'était donnée le 7 novembre 1917.

Quelle sera cette orientation? Il est encore trop tôt pour le dire, et seul le cours des prochaines années nous le dira.

La Pologne

En 1977, nous signalions: « Il est possible que, durant les années 1978-1979, la Pologne fasse un effort considérable pour gagner plus d'autonomie sur le plan économique et industriel et qu'elle amorce un virage important dans ces domaines. Des transformations sont possibles dans l'armée, qui pourrait être dotée d'armes nouvelles et de cadres nouveaux. On assiste aussi à des transformations dans les milieux de la justice, de l'éducation et dans les structures religieuses du pays. On a l'impression d'un certain assouplissement, d'un certain renouveau dans la nation tout entière. Mais il faut craindre que cet optimisme n'incite certains extrémistes à aller plus loin en posant des actes par trop libérateurs qui pourraient entraîner des représailles sanglantes.

Les années 1980-1981 correspondent, au contraire, à un certain raidissement des pouvoirs politiques, à des mesures économiques assez drastiques, à un dirigisme économique de plus en plus sévère, ce qui peut provoquer un certain sentiment d'insécurité, de malaise et de mécontentement dans la population. »[1] Cependant, il n'y a pas grand-chose à faire pour lutter contre ces tendances, et la situation ne fera qu'empirer jusque vers 1989-1993; cette étape politiquement et socialement difficile se terminera par des transformations importantes pour le pays : autonomie beaucoup plus grande, aussi bien sur le plan économique que politique, relations internationales plus largement ouvertes après une période de crise. Tout cela se fera surtout à partir de 1994, et progressivement.

Sur le plan économique, la Pologne instituera aussi un régime nouveau, beaucoup plus libéral, avec une économie privée plus forte, dès 2000.

La Yougoslavie

La Yougoslavie est à un nouveau tournant de son histoire. Les difficiles années 1983 et 1984 peuvent marquer des luttes internes très serrées, des difficultés entre le gouvernement et l'armée; certains hommes forts tentent de s'emparer du pouvoir, mais en vain, semble-t-il. Pendant ce temps, d'autres hommes politiques, plus réalistes, s'emploient à stimuler le commerce extérieur, ce qui se traduira par des ententes assez avantageuses pour le pays; on parle aussi de réforme de l'éducation et de la formation professionnelle.

En 1998-1989, le pays traverse de nouveau une période politique très difficile, qui risque de se prolonger, comme pour beaucoup de pays satellites de l'URSS, jusque vers 1993, laissant le pays assez appauvri.

Par contre, dès 1997, la Yougoslavie est appelée à faire une remontée spectaculaire et à s'adapter remarquablement aux temps nouveaux.

[1] Les événements ont confirmé ces prévisions : l'élection du pape en 1978, le mouvement « Solidarité » et la visite du pape en Pologne.

La Tchécoslovaquie

En 1982, la Tchécoslovaquie pourrait bénéficier d'un certain allègement des pressions politiques extérieures et croire à un certain renouveau. Mais les mesures politiques particulièrement drastiques des années 1983-1985 l'inciteront une fois de plus à patienter courageusement; une action prématurée générerait beaucoup plus de peines que de progrès. Jusqu'en 1989, la situation semble perdurer avec quelques éclaircies sporadiques, sans qu'il ne se produise rien de très concluant.

En 1989, ou aux alentours de cette année, le ciel s'obscurcit à nouveau, chargé de nuages annonciateurs d'orages qui changeront la face du monde, au cours des quatre prochaines années. Même si ces années, une fois de plus, doivent être difficiles pour la Tchécoslovaquie, elles marqueront la fin d'une étape douloureuse et ouvriront l'accès à un avenir plus éclatant, surtout à partir de 1998. Dès ce moment, la Tchécoslovaquie connaît un renouveau, avec un développement économique et culturel particulièrement fort et remarquable.

La Roumanie

La Roumanie est le pays qui va sans doute progresser le plus, économiquement et politiquement, d'ici 1982, grâce à une intensification de sa production pétrolière, à son industrie pétrochimique ou à la reconversion de certaines industries lourdes. Cela lui vaut une certaine considération de la part du monde international tout entier, autant à l'Ouest qu'à l'Est. À l'Ouest, on prend de plus en plus au sérieux les recherches des savants roumains dans le domaine de la médecine et surtout en gérontologie.

À partir de 1984, la Roumanie entre dans une période beaucoup plus difficile. Des difficultés économiques, des mécontentements populaires, des affrontements politiques et idéologiques, comme dans presque tous les pays sous influence soviétique, vont atteindre une phase aiguë entre 1989 et 1993, phase sombre, difficile, confuse, où le désarroi sera grand.

Les efforts vers une remontée seront apparents dès 1992 pour devenir efficaces à partir de 1996, 1997 et 1998. Puis on assistera à une phase de stabilisation politique et idéologique, de réveil religieux important.

C'est surtout à partir de 2003 ou 2005 que la Roumanie verra son destin solidement scellé, et pour de longues années.

La Hongrie

Il y a toujours eu chez les Hongrois des aspirations à une liberté et à une indépendance conformes à leur nature profonde. Comme le moment n'est pas venu de poser de tels gestes, cela risquerait fort de compliquer une situation politique extrêmement tendue au lieu d'amener la détente souhaitée. Et l'on préfère croire que le peuple hongrois ne posera pas de geste prématuré.

En 1982, il y aurait place pour certaines réformes heureuses possibles, pour un allègement naturel des conditions politiques qui prévalent en ce moment. Cette réforme permettrait sans doute, en 1988, d'obtenir un statut particulier dans les grandes restructurations politiques mondiales du moment. Tout cela contribuerait à tenir la Hongrie un peu à l'écart des tribulations des années 1989 à 1993, et l'amènerait même à jouer le rôle de médiateur à certains moments. Il est possible aussi que l'on trouve, vers 1993 ou un peu avant, dans le sol hongrois, de nouvelles sources d'énergie, et que son agriculture soit amenée aussi, au prix d'investissements considérables, à une réforme qui connaîtra d'excellents résultats.

En 1993, le gouvernement hongrois subira sans doute des changements profonds, difficiles à accepter. Vers 2000-2001, les réformes définitives seront en place et enfin, à partir de 2002, le pays sera en mesure d'accomplir sa réforme financière.

La Bulgarie

En 1981, on assiste à un renforcement de l'autorité du gouvernement bulgare, qui s'octroie de nouveaux pouvoirs, pour jouer un rôle plus important au sein de certaines associations internationales.

En 1982, le peuple bulgare aura sans doute à assumer des charges financières ou fiscales alourdies qui pourront créer pas mal de mécontentement et obligeront le gouvernement à resserrer encore son autorité.

À partir de 1986, des efforts de libération, des mouvements d'indépendance commenceront à sourdre, un peu partout dans le pays. La Bulgarie semble au cœur même des événements que l'on voit surgir dans le bloc soviétique, surtout vers 1989-1990 et 1991.

Une fois cette étape franchie, la Bulgarie reprendra lentement, difficilement, son équilibre; mais il lui faudra franchir 1997-1998 avant de se sentir en mesure de se reconstruire un avenir plus clément.

2000 devrait marquer pour la Bulgarie une réforme agricole de grande envergure, qui donnera le maximum de résultats dès 2004.

La Turquie

En 1981-1982, le gouvernement turc pourrait notamment faire face à certaines difficultés de taille, ce qui entraînerait une réforme profonde. On peut redouter aussi vers cette période, ainsi que vers 1989, de nouveaux tremblements de terre, des catastrophes naturelles ou des hécatombes dans de grands chantiers comme des barrages, etc. Ce devrait être les années les plus difficiles pour la Turquie.

Par contre, à partir de 1990, ce pays pourrait avoir à jouer un rôle assez important dans la politique internationale, soit comme médiateur, soit comme siège de conférences mondiales.

Ce rôle pourrait se prolonger pendant près d'une quinzaine d'années, et même au delà, si le gouvernement au pouvoir sait stimuler et récompenser suffisamment le travail de la population.

Car il y a en Turquie, d'Asie comme d'Europe, une montée irrésistible des masses populaires; l'ignorer serait s'exposer à des désillusions sévères et sanglantes.

La Grèce

La Grèce n'est pas près de retrouver son équilibre et sa paix. Et, à compter de 1982, surgissent de l'extérieur des difficultés nouvelles. Si le peuple grec pouvait avoir alors la sagesse de ne pas changer de gouvernement et de se tenir autant que possible à l'écart des grands mouvement politiques internationaux du moment, il s'épargnerait bien des peines et des tracas.

Il pourrait ainsi passer sans trop de difficultés les dures années 1983 à 1993, peut-être un peu replié sur lui-même, mais à l'abri des tourmentes les plus fortes. Mais pour cela, je le répète, il faudrait que le gouvernement et le peuple grec se fassent confiance, afin de ne pas ébranler un équilibre politique précaire, ce qui serait mieux que de se jeter dans une marée de troubles qui ne les concernent pas directement.

Il serait dangereux de croire que ces événements extérieurs pourraient être un prétexte valable pour se lancer dans des règlements de compte sans fin qui ne profiteraient à personne. Le temps est passé, étant donné l'urgence des problèmes mondiaux, des héroïsmes inutiles et grandioses.

À partir de 1993 et 1994, la Grèce pourra jouir d'une situation politique et économique privilégiée, à la suite de circonstances extérieures évidentes, mais dont il est encore impossible d'établir la nature. Et cette évolution se poursuivra au cours des années suivantes. Une sorte d'âge d'or retrouvé ? Sans doute pas, mais une évolution suffisamment forte que peu de nations auront la chance de connaître.

La Scandinavie

Le Danemark

Le Danemark est appelé à connaître un très important développement économique, qui favorisera sa situation politique au cours des prochaines années, jusque vers 1982-1983 surtout. D'importantes recherches et de très grands investissements dans la recherche scientifique et industrielle apporteront des solutions à certains problèmes de sources d'énergie de remplacement, ou orienteront fermement le pays vers l'énergie nucléaire. Quoi qu'il en soit, on est très actif au Danemark durant toutes ces années, et le pays tout entier se sent animé de forces nouvelles.

Ce bel élan est appelé à diminuer entre 1990 et 1993, années très difficiles pour le pays, qui se ressent fortement des luttes, des conflits et des problèmes politiques qui surgissent dans les pays de l'Est européen à ce moment : difficultés et instabilités gouvernementales, tensions sociales, conflits idéologiques, pressions extérieures, ralentissement dans la production de l'énergie, pollutions ou détériorations naturelles, destructions, agitation. Mais, à partir des années 1998 et 1999, un certain équilibre s'établit lentement, permet au pays de reprendre pied, de regrouper ses forces et de se préparer à de nouvelles réalisations, plus vastes encore, pour les vingt premières années du XXIe siècle.

La Suède

Pour la Suède, il devient urgent de régler les problèmes économiques au plus tôt, en comprimant ses budgets, ses charges sociales et en trouvant de nouveaux débouchés commerciaux. Mais si elle laisse passer cette occasion, elle risque d'aggraver sa dette publique au lieu d'améliorer sa situation financière d'ici 1982.

De 1988 à 1992 ou 1993, la Suède va constamment augmenter l'importance de son rôle sur le plan politique international, avec des fortunes diverses; quoi qu'il en soit, il ne lui sera pas loisible de se désintéresser des événements mondiaux.

En maintes occasions, ses diplomates et ses hommes politiques auront à participer à la prise de décisions qui pèseront fortement sur l'histoire du monde. Sa participation à de grands organismes internationaux lui apportera un prestige évident qui exigera des dépenses et des charges financières, lesquelles pourront faire l'objet de critiques et de revendications de la part de la population.

Ces querelles et ces problèmes demeureront les mêmes et feront l'objet de pareilles revendications vers les années 1998-1999, ce qui signifie que l'action internationale de la Suède sera de longue durée. Ce pays pourra également connaître, durant la dernière décennie du millénaire, des problèmes de ravitaillement en matières premières, la fermeture des certaines mines, épuisées ou devenues trop coûteuses à exploiter. Il en résultera un abaissement progressif du confort matériel et des conditions de vie que le monde lui enviait. Néanmoins, il n'y a pas péril en la demeure pour un pays qui, souvent à l'avant-garde du progrès, saura prévoir à temps de tels risques.

La Norvège

La Norvège, au cours des prochaines années, va suivre dans une certaine mesure l'évolution de la Suède, mais à un rythme plus lent, et avec moins de risques d'aléas. Jusqu'en 1981, il y avait, pour la Norvège, possibilité d'une progression économique assez importante. Sur le plan politique, des réformes sont possibles et se feront progressivement. Mais, au fur et à mesure que les années passeront, et avant d'atteindre 1988, un certain fossé se créera entre les partisans d'une économie traditionnelle, basée sur l'expérience et les valeurs du passé, et les tenants d'une économie d'avant-garde, pleine d'invention, mais aussi de périls. Au sortir de ces débats tumultueux, dans les années 1990, on pourra s'occuper, directement ou indirectement, des grands problèmes politiques et économiques auxquels l'humanité entière aura à faire face. Il s'agira sans doute d'abandonner certains privilèges, pour les partager avec d'autres pays moins bien nantis, et la population tout entière de la Norvège aura à accepter certains sacrifices et certaines charges sans trop de récriminations.

Certains hommes politiques pourront faire alors les frais des désordres du moment. Il se peut que le pays soit amené à instaurer un régime de dirigisme économique, qui risque de se prolonger jusque vers la fin du siècle. La Norvège entrera cependant d'un bon pied en 2000, et reviendra à un certain traditionalisme économique fait de prudence, de travail et d'économie.

L'Autriche

Il est en Europe un petit pays qui, après avoir porté le lourd fardeau de l'annexion nazie, puis celle de l'occupation quadripartite après la guerre, a fait une remontée étonnante sur le plan politique international : l'Autriche. Vienne, sa capitale, a retrouvé le goût de vivre et donne l'apparence d'une jeunesse retrouvée. Comment va-t-elle finir ce XXe siècle ? L'analyse des configurations planétaires des vingt prochaines années indique un va-et-vient incessant entre les possibilités les plus intéressantes et les difficultés les plus inattendues. Les handicaps sont multiples : Vienne est une capitale trop importante et trop peuplée par rapport au reste du pays, ce qui crée des problèmes de centralisation excessive; l'environnement de l'Autriche l'a toujours exposée à des voisinages assez dangereux, sa frontière avec la Suisse exceptée — au nord se trouvent l'Allemagne et la Tchécoslovaquie, à l'est, la Hongrie avec qui elle partageait le royaume d'Autriche-Hongrie jusqu'en 1918, puis la Yougoslavie et l'Italie au sud. Le seul énoncé de ces noms de pays indique combien l'Autriche, malgré sa bonne volonté, n'est pas aussi libre ni aussi indépendante qu'elle le voudrait, car elle subit toujours, peu ou prou, certaines répercussions des événements qui se passent à ses frontières.

Comme les années qui viennent sont riches en événements et en volte-face, l'Autriche va être amenée à connaître une vie politique intense et animée. Le ralentissement de l'évolution matérielle à laquelle la population s'était habituée ne sera pas abandonné de gaîté de cœur. Dès 1981, des affrontements pourront surgir entre partisans et adversaires d'une intégration dans certains systèmes économiques nouveaux, ou dans certaines communautés économiques internationales. Il pourra être aussi question d'opposition à certains grands projets d'énergie nucléaire et d'agitation, d'autant plus que Vienne est le siège de l'O.P.E.P.

Les années 1982-1983, puis 1987 et 1988, devraient, par contre, coïncider avec une étape décisive dans le développement du pays et de son rôle sur le plan international. L'Autriche semble accéder aussi, surtout à partir de 1985, à de nouvelles sources de richesses et d'énergie. Mais, cette même année 1985 risque aussi de provoquer des difficultés majeures pour le gouvernement en place, et la fin de la carrière d'hommes qui auront joué jusque-là un rôle important dans la politique autrichienne.

L'année 1993 peut marquer aussi un autre tournant dans la situation politique de l'Autriche, qui pourra fort bien se trouver en désaccord avec certains de ses alliés, jusqu'à la rupture de certaines alliances. Elle retrouvera ses prérogatives et de nouvelles fonctions sur le plan international vers les années 2000-2001.

ISRAËL

Jusqu'en fin 1981, Israël va accumuler les problèmes économiques, financiers, d'organisation interne, de politique intérieure et extérieure. La paix est fragile et il faudra beaucoup de diplomatie et de prudence à ses hommes politiques, à ses diplomates et à ses administrateurs pour ne pas envenimer certaines situations. Parallèlement à ces troubles, se développe dans la population une conscience civique de plus en plus ferme, une certaine unité politique et idéologique qui cimentent les fondations de l'État israélien.

On le verra bien, alors qu'il sera temps de faire front commun pour l'adoption de certaines mesures économiques assez drastiques, prises dans le but de consolider la situation financière du pays. Les résultats de ces mesures, qui se feront attendre jusque vers 1987-1988, se révéleront efficaces. Pourtant, le pays devra traverser vers 1983 une période financière assez difficile, où des investissements et des dépenses considérablement accrus, et parfaitement nécessaires, déséquilibreront dangereusement le budget. On peut craindre, vers ce moment, une grande sécheresse ou certaines destructions de récoltes.

Dès la fin de 1987 et jusqu'en 1992, Israël va traverser l'une des périodes les plus difficiles de son histoire. L'existence même de son statut d'État pourra être remise en question.

Des attaques, des luttes, des conflits idéologiques, religieux ou politiques pourront créer de graves dissensions dans le pays, et sur le plan international. Certains appuis ou certains pays que l'on croyait acquis pour toujours retirent leur soutien et l'État d'Israël est seul à faire face à des montagnes de complications et de problèmes plus urgents les uns que les autres. De profondes transformations s'opèrent dans le gouvernement et dans les relations entre le gouvernement, les autorités religieuses et l'armée. De longs mois seront nécessaires avant que la situation ne redevienne claire entre eux et redonne au monde l'image d'un État uni bien structuré.

Mais, dès 1998, l'idéal commun s'est rétabli et Israël pourra amorcer une nouvelle étape dans son ascension politique. En 2000, le pays devra s'attaquer à une réforme agraire devenue urgente, qui nécessitera à nouveau de considérables investissements d'argent et d'énergie humaine.

L'ASIE

En ce qui concerne l'Asie, nous n'avons pas pu réunir toute la documentation précise, indispensable à l'analyse des probabilités d'évolution de chaque pays. Nous nous préoccuperons ici des seuls pays pour lesquels nous avions des indications de base suffisantes.

La Chine

Il est clair pour l'astrologue, comme pour chacun, que la Chine est appelée à jouer un rôle déterminant dans l'avenir de notre monde. Mais, curieusement, ce ne sera pas aussi vite, ni dans les conditions qu'on redoute habituellement. Son influence se fera sentir de façon lente et subtile, et après que la Chine aura subi de nouvelles et profondes transformations.

À partir de 1981, elle va intensifier et améliorer sa situation économique et élargir ses relations commerciales avec l'extérieur. On prévoit une réforme probable dans l'éducation et la formation professionnelle, dans ses milieux juridiques et de propagande, dont elle augmente l'efficacité et l'activité à l'extérieur. Ce travail de construction et de consolidation de ses positions politiques et économiques se poursuit, tant à l'intérieur du pays que sur le plan international. Les années 1982 à 1984 peuvent être des années de progrès lents et sûrs.

Les années difficiles s'annoncent à partir de 1987 pour se prolonger jusqu'en 1993, alors que tout peut survenir. Se lancer à ce moment dans un aventure armée risquerait d'entraîner des conséquences incalculables. Mais il semble que ce soit plus encore à l'intérieur du pays que des troubles sérieux puissent surgir entre l'armée et les pouvoirs civils, âpre lutte pour le pouvoir qui semble devoir se terminer, vers 1989, à l'avantage des groupes modérés. Peu après, ce sera à l'intérieur même du groupe des vainqueurs que surgiront de nouvelles difficultés, de profondes luttes idéologiques. Ces dernières se termineront vers 1992-1993 par une transformation complète de l'idéologie politique de la Chine qui s'orientera, dès lors, vers des réalités très terrestres, des développements économiques intensifs.

Il est possible, et même probable, que vers les années 1981 à 1983, la Chine soit amenée à faire des découvertes de pétrole ou de gaz naturel importantes dans son sol. Elle pourrait aussi obtenir des contrats avantageux avec certains pays producteurs de pétrole, intensifier considérablement ses recherches dans l'énergie nucléaire et les produits de remplacement. Elle serait en mesure, vers 1989, alors que la crise du pétrole se fera particulièrement sévère à travers tout le monde, d'assumer dans une assez large mesure ses propres besoins en énergie. Sa politique agraire prévoyante lui permettra aussi à ce moment de subvenir à ses nécessités premières en matière d'alimentation.

La démarche politique et économique de la Chine va demeurer très réaliste au cours des prochaines années; elle va s'attacher à progresser politiquement et économiquement. Lorsqu'elle aura pleinement atteint ses buts à l'intérieur et qu'elle aura ouvert ses marchés à travers tout le monde, elle cherchera alors à asseoir sa suprématie mondiale. Ce ne sera probablement pas par les armes, et ce n'est pas pour demain. La seule zone vraiment dangereuse à franchir pour la Chine, et pour le monde dans ses relations avec la Chine, se situe de 1987 à 1993; mais les risques existent plus à l'intérieur du pays que sur le plan international. En effet, l'entrée dans un conflit armé, même limité, serait pour la Chine le début de sa propre destruction pour de longues années.

Le Japon

Si l'économie du Japon est l'une des plus dynamiques du monde, c'est aussi une des plus fluctuantes, que seule une attention de tous les instants permet de maintenir en un certain équilibre. Actuellement, les relations entre le monde financier japonais et son gouvernement sont entrées dans une phase de crise, qui va durer de longues années. Les années 1982 à 1984 seront parmi les plus graves, les plus difficiles que le Japon ait connues depuis longtemps, surtout en matière de politique et de commerce extérieurs.

Il semble que le Japon puisse être alors dans une impasse sérieuse. Le commerce et l'industrie connaissent une phase de ralentissement alarmante alors que des conflits sociaux majeurs mettent en danger le gouvernement et la survie économique du pays. Sur le plan des relations internationales, la situation n'est guère meilleure et ne cesse de s'aggraver car le Japon semble paralysé par certains accords ou certaines alliances qui l'obligent à prendre position dans une période de tension internationale, et cela dans un moment particulièrement critique pour lui.

Mais la difficile traversée des années 1982 à 1984 va sans

doute empêcher le Japon d'être profondément touché par les autres événements internationaux, plus graves, des années 1989 à 1993.

Cela lui permettra sans doute de se reconstituer, en tenant compte, cependant, que 1992 pourrait le voir affronter des difficultés économiques et politiques, à l'intérieur du pays, devant se prolonger jusqu'en 2000. Il s'agira surtout de pénurie de certaines denrées alimentaires.

Mais, de 1993 à 1998, le Japon pourra connaître de nouveau une certaine évolution économique et politique.

L'Indonésie

L'Indonésie tout entière est actuellement dans une phase évolutive de son développement économique et politique qui va s'accentuer jusque vers 1982, avec un minimum de troubles et de difficultés, compte tenu des circonstances dans lesquelles elle s'est formée.

Par contre, à partir de 1984, sa situation générale tend à se compliquer, et les rudes années de 1989 à 1993 vont peser lourdement sur son destin politique. Elle aura à se défendre contre des pressions extérieures extrêmement fortes, et elle ne parviendra à survivre sous sa forme actuelle qu'à force de ténacité, d'esprit de résistance, tout en utilisant au maximum ses richesses naturelles, véritable bouclier protecteur. Ce sont des années au cours desquelles l'Indonésie ne devra compter que sur elle-même.

Aux alentours de 1997, elle opérera un véritable rétablissement économique, s'insérera totalement dans des systèmes économiques et de développement d'avant-garde. Ces mesures susciteront quelques luttes internes vers 2000, entre les éléments progressistes et les éléments conservateurs en matière d'économie, ce qui pourra ralentir momentanément sa progression.

L'Inde

Les tribulations de l'Inde ne sont pas terminées. Pourtant, d'ici 1982, elle se trouverait dans d'excellentes conditions pour se créer une politique agraire cohérente, pour intensifier ses programmes de formation et d'éducation de ses populations en matière d'hygiène domestique, de planification des naissances et d'économie domestique. Le temps presse car, vers 1984, de nouveaux problèmes démographiques et de santé publique très sérieux pourraient se présenter à la suite d'un relâchement des contrôles et des mesures de prévoyance, des crises internationales ou des catastrophes naturelles pouvant entraîner des famines.

De 1989 jusqu'en 1993, l'Inde se trouve au cœur des difficultés économiques et politiques mondiales. Ne pouvant guère compter sur de l'aide extérieure, elle devra affronter seule de grands bouleversements, qu'elle surmontera dans la mesure où elle aura été assez prévoyante. À partir de 1997, elle parviendra elle aussi à redresser sa situation générale, en adhérant notamment à certains plans mondiaux de réorganisation économique. Elle accèdera alors à une phase de modernisation intensive de son industrie et de son commerce qui la fera progresser rapidement sur le plan national autant qu'international.

L'Iran

En fait, c'est seulement lorsque l'Iran se sera donné un nouveau gouvernement que l'on pourra faire des prévisions à long terme. De plus, le problème de l'Iran ne peut être analysé isolément; c'est en considérant en même temps le thème de l'Afghanistan et celui du Pakistan que l'on peut déceler les dangers de l'avenir immédiat.

Nous avions déjà prévu que les décisions prises par le Pakistan entre 1976 et 1979 seraient d'une importance capitale pour son avenir, et qu'en 1980-81 ce pays pourrait compter, à la faveur d'alliances, sur des appuis internationaux qui l'aideront à faire face aux nouvelles difficultés prévues pour 1984-87. Il s'avère aujourd'hui que l'aide américaine ne sera pas seulement économique, mais bien évidemment militaire aussi, et le Pakistan va devenir rapidement un des « points chauds » du monde, ainsi que tous les pays environnants, y compris l'Inde.

En ce qui concerne l'Afghanistan, nous prévoyions des « tensions avec les pays voisins et des difficultés majeures pour son gouvernement » pour les années 1981-82. C'est effectivement la situation vécue par ce pays depuis le 27 décembre 1979, et on sait aussi qu'il n'y aura pas d'amélioration majeure durant les deux prochaines années.

La Pakistan

Il est urgent que le Pakistan s'assure une stabilité gouvernementale qui seule pourra l'amener à résoudre ses problèmes financiers, économiques et démographiques. Ce pays pourrait trouver dès 1981 des appuis et des solutions à ces problèmes, en formant certaines alliances, en recourant à l'aide internationale en matière de formation et de planification industrielle, commerciale, agraire. Il lui faut faire vite, car des années plus difficiles s'annoncent, surtout à partir de 1984 et jusqu'en 1988. Cette période de tension, de disette, de conflits, de difficultés politiques intérieures et extérieures pourrait faire régresser le pays de façon dramatique; il importe d'être, dès maintenant, actif et vigilant, car non seulement le progrès, mais la survie même du pays est en cause.

Les années 1989 à 1993, si importantes pour la plupart des pays, ne prennent presque pas de relief dans le thème du Pakistan. Les problèmes actuels sont donc urgents à résoudre, et le temps seul, à la manière orientale, n'est pas la solution.

Le Laos et le Viêt-Nam

Les destins politiques du Laos et du Viêt-Nam sont étroitement liés, par le hasard et la fantaisie des traités internationaux, d'ici la fin du siècle. Il ne fait pas de doute qu'avant 1993, tout au moins, ils ressentiront fortement et mutuellement les répercussions des événements qui les affecteront séparément.

En 1982, et jusque vers 1988, ils pourraient cependant bénéficier d'une certaine stabilité politique, après avoir procédé à certains remaniements et certaines réformes. La formation civique et politique des populations s'effectue en profondeur, patiemment, et il en résulte des progrès et un avancement certain dans les conditions de vie et de travail du peuple tout entier.

Mais l'horizon s'assombrit entre 1989 et 1993, années difficiles, âpres sur le plan politique et idéologique, qui amèneront, dans les deux pays, une situation complètement transformée, un renversement complet des idéologies assumées depuis une quarantaine d'années. Tout cela entraînera de l'agitation, de la confusion, des luttes intestines très graves qui risquent de se prolonger jusque vers 1998. Ce n'est qu'au seuil des années 2000 à 2005 qu'on verra une remontée et un retour à une certaine douceur de vivre.

Le Cambodge

À partir de 1987-1988, le pays sera fortement tenté de secouer cette tutelle et d'affirmer son indépendance, ce qui entraînera une agitation particulièrement dangereuse, et même d'allure révolutionnaire. Quoi qu'il en soit, ce sera là une période de désordres sociaux et de tensions internationales. Le pays pourra connaître alors certaines difficultés industrielles et devra compter aussi avec de l'agitation dans les domaines de l'éducation.

De 1989 à 1993, la situation est très grave, très sérieuse à l'intérieur du pays et dans ses rapports avec les pays voisins. Il y a alors beaucoup de violence et de dangers, qui pourraient entraîner le Cambodge dans des conflits armés. Les destructions probables de récoltes ajouteront aux difficultés que le pays aura alors à affronter.

À partir de 2000, le Cambodge fera sans doute un retour à des valeurs économiques et politiques traditionnelles qui lui assureront une nouvelle stabilité.

La Thaïlande

Jusqu'en 1982, la Thaïlande dispose d'assez bonnes possibilités d'évolution sociale et économique sans exclure cependant de l'agitation violente dans le pays, notamment entre l'armée et certains groupes indépendants, ou entre l'armée et le gouvernement, ou encore entre officiers et soldats. C'est aussi une brève période où des actes de violence pourront éclater dans l'industrie. On pourra aussi redouter des incidents de frontière et des destructions de récoltes et de réserves.

Ces foyers de violence, rallumés beaucoup plus fortement vers les années 1983-1984, pourraient conduire à des crises beaucoup plus graves.

1986 et 1987 pourraient marquer de nouveau beaucoup d'agitation, de ferments de révolte, tandis que 1988 et 1989 donneraient lieu à des problèmes politiques graves et à une situation générale fortement détériorée du fait des circonstances internationales du moment. Sans être directement impliquée dans les conflits, la Thaïlande pourrait en percevoir des répercussions sérieuses dans son économie, dans sa situation financière; elle pourrait être alors exposée à une régression économique très forte qui influerait sur la stabilité et la durée de son gouvernement.

Ce n'est qu'à partir de 1994 que la Thaïlande pourra envisager une lente remontée de sa situation générale, en exigeant de sa population beaucoup de patience, d'efforts et certains sacrifices matériels. Cependant, cette remontée se fera dans des conditions beaucoup plus sûres et plus durables que tout ce que la Thaïlande aura pu connaître par le passé.

La Birmanie

Le pays connaîtra un relatif équilibre jusque vers 1982. Mais, dès 1985, la situation s'envenime et la Birmanie sera parmi les pays qui auront à affronter, au premier chef, les grandes tribulations de 1989-1993. Sa situation politique internationale sera alors périlleuse et il lui sera difficile de maintenir sa paix et son équilibre à travers les événements du moment. Comme beaucoup de pays de l'Est asiatique, elle pourra espérer une remontée à partir de 1997, pour de longues années.

La Corée

Pour la Corée aussi, les grandes années de 1989 à 1993 vont constituer une étape dangereuse, au cours de laquelle elle risque d'être au cœur des difficultés et des troubles suscités par les grandes transformations politiques qui sont en train de s'opérer dans le monde et surtout en Extrême-Orient. Ces dures années se feront sentir sur le plan politique, économique, idéologique et mettront en danger sa propre survivance. Mais, avec les pays qui l'entourent, la Corée participera à une forme de renaissance qui se précisera dans les toutes dernières années du siècle.

Les Philippines

De sérieux problèmes, générateurs de conflits aigus à l'intérieur même du gouvernement des Philippines, vont traîner en longueur entre 1981 et 1985, provoquant ainsi des retards, des ralentissements coûteux dans certaines transactions et négociations et faisant échouer de grands projets. Des luttes intestines bien plus que des circonstances extérieures paralysent en partie les possibilités d'évolution du pays.

Grâce à leur situation géographique bien plus qu'à leur orientation politique, les Philippines seront à leur tour impliquées dans l'ensemble des grandes difficultés des années 1989 à 1993, avec un maximum d'influence surtout en 1989 et 1990. Il pourra en résulter des empêchements politiques majeurs et une situation économique des plus critiques. Il faudra de longues années de cheminement avant que les Philippines ne redressent leur situation.

L'Afghanistan

L'Afghanistan semble traverser les vingt dernières années du siècle à un rythme bien différent de celui de tous les pays que nous venons d'étudier. Jusqu'en 1982, il aura à affronter des difficultés politiques sérieuses pouvant mettre en péril son gouvernement et créer de sérieuses tensions avec ses pays voisins. Mais, à partir de 1984, il commence une révolution qui va l'amener à tirer parti des événements mondiaux de 1989 à 1993, plutôt que d'avoir à en pâtir. Le pays en ressortira profondément transformé, parce qu'il sera amené à opérer une modernisation accélérée de son mode de vie.

L'AFRIQUE ET LES PAYS ARABES

Comme pour l'Asie, notre analyse ne portera que sur les pays pour lesquels nous avons pu obtenir des dates suffisamment précises, c'est-à-dire celles qui correspondent généralement à l'accession de ces nations à leur indépendance ou à un statut bien spécifique.

L'Algérie

L'Algérie tourne actuellement une page difficile de son histoire et elle va être en mesure de faire une progression économique constante, grâce à une meilleure utilisation de sa main-d'œuvre et de ses richesses naturelles. Il est possible, d'ailleurs, qu'elle puisse mettre en exploitation certains puits de pétrole ou bénéficier de contrats particulièrement avantageux de sociétés pétrolières. Il lui sera possible aussi de mieux tirer parti de ses installations maritimes et d'intensifier son commerce extérieur et ses exportations. Ces tendances positives devraient continuer à être opérantes jusque vers 1989, avec une pointe en 1988 et en 1989, alors que l'Algérie sera en mesure de bénéficier de la situation internationale du moment. Il n'y aura guère qu'en 1983 que certains conflits sociaux pourront surgir pour être aussitôt réglés.

À partir de 1994, les succès économiques pourraient commencer à s'atténuer tout en entraînant une diminution des privilèges auxquels la population s'était habituée et en provoquant une augmentation des charges sociales pour le gouvernement.

Mais dès 2001 et 2002, l'équilibre financier se rétablira lentement. Une réforme agraire est probable à partir de 2000.

Le Maroc

Depuis 1978 et pour une dizaine d'années, la situation politique est sérieuse; il faudra se garder de sceller des engagements politiques qui comporteraient des participations militaires susceptibles d'entraîner le pays dans des aventures aussi coûteuses que dangereuses et qui ne feraient rien pour renforcer son prestige sur le plan international.

De plus, ces aventures risqueraient d'avoir de très lointaines répercussions dans le temps et de jouer contre le Maroc dans certaines transactions internationales, vers la fin du siècle, surtout vers les années 1993 et 1994. Le pays traversera alors une phase de transformations profondes, de remaniements politiques, sous la pression d'événements extérieurs dont il n'aura pas le contrôle. Il pourra perdre alors des appuis de longue date et se retrouver seul devant des problèmes intérieurs presque inextricables. Il faudra de longues années d'efforts pour remettre de l'ordre dans le pays et lui donner de nouvelles chances d'expansion.

La Tunisie

Le temps est venu pour la Tunisie, d'ici 1983, de faire un important bond en avant, en développant son agriculture, en modernisant aussi ses méthodes de travail dans ses exploitations agricoles comme dans son industrie; en effet, les années qui viennent sont promesses de progrès, à la condition, cependant, que la Tunisie se préoccupe plus de ce qui se passe à l'intérieur de son pays que de ce qui se trame au dehors et qu'elle sache utiliser à fond les ressources mises à sa disposition sous forme d'aide et de formation technique. Car la Tunisie joue, au cours de ces quelques années, une partie de son bien-être futur et elle devra accepter toutes les formes d'aide. Son ascension pourra se poursuivre de façon assez régulière, sauf peut-être avec un bref recul vers 1988.

Par contre, des temps plus difficiles sont à prévoir dès 1993-1994 : un recul de la productivité, une augmentation des charges financières, une inflation galopante, des conflits sociaux et politiques, des répercussions des événements majeurs qui auront affecté certaines autres contrées du monde à partir de 1989. Il serait souhaitable que la Tunisie n'intervienne pas dans certains conflits internationaux, armés ou non, car ce serait à son plus grand détriment. Il lui faudrait près d'une dizaine d'années pour retrouver une certaine forme d'équilibre, à la suite de telles aventures.

L'Égypte

L'Égypte va se trouver au centre des négociations politiques et économiques internationales de première grandeur. Les décisions et les engagements qu'elle sera amenée à prendre alors pourront jouer un rôle décisif dans les difficultés qu'elle aura à affronter, toujours sur le plan international, au cours des années 1989-1993. Cela est d'autant plus regrettable qu'elle se sera efforcée, entre 1978 et 1981, d'apporter les solutions qui lui paraissent les meilleurs à des problèmes ardus; mais elle ne se sera pas rendu compte qu'elle se liait pour longtemps et beaucoup plus profondément qu'il ne le lui semblait, en assumant des responsabilités qui dépassaient ses compétences.

C'est surtout dans ses rapports avec les « pays du pétrole » et avec les géants des pays de l'Est qu'elle risque d'être appelée à jouer un rôle de médiateur dans lequel elle sera bientôt prise comme dans un piège. Il est vrai que sa situation politique ne lui permet pas de se tenir à l'écart des grandes décisions qui se prennent actuellement dans le but de résoudre la crise de l'énergie. Cependant, si l'Égypte trouvait une solution qui lui éviterait de s'engager dans de telles transactions, sans pour autant perdre la face, elle ferait bien de la saisir au plus vite, afin de préserver son avenir économique et politique.

La Lybie

Curieux destin que celui de la Lybie, d'ici la fin du siècle, si l'on se réfère aux principales configurations planétaires des vingt prochaines années qui, presque toutes, touchent un point sensible du thème de ce pays. Pour elle, comme pour l'Égypte, le meilleur conseil à suivre serait de se tenir bien loin de tout conflit armé, car les conséquences en seraient dramatiques et quasi insurmontables pour de très longues années. C'est en 1981 surtout qu'il faudrait éviter de sceller des alliances politiques ou militaires qui, vers les années 1989-1993, se révéleraient bien lourdes et entraîneraient le pays dans de dangereuses aventures.

La Lybie devrait accorder une attention particulière à l'éducation et à la formation professionnelle de sa population, un atout majeur pour le développement de son économie au cours des prochaines années. Mais c'est surtout dans le domaine de sa politique extérieure que se présentent les dangers les plus sérieux.

Le Soudan

Il est curieux de voir que les conseils de prudence donnés à la Lybie valent également pour le Soudan. Mais il faut souligner que le temps presse de prendre des précautions; le danger est grand de voir ce pays mêlé à certains conflits internationaux et y prendre une part active, ce qui lui serait extrêmement préjudiciable. Un autre tournant dangereux s'amorce, de 1985 à 1994, avec des fortunes diverses.

Pourtant, il y aurait pour le Soudan, de 1982 à 1984, une phase marquante de progression économique et de stabilité politique s'il était assez sage, jusque-là, pour se préoccuper plus de sa sécurité intérieure que de l'agitation dans certains pays voisins dont il se sent solidaire.

La Syrie

Il semble probable que la Syrie aura à affronter de graves difficultés financières par suite de trop lourdes charges militaires et d'un ralentissement du commerce extérieur, jusqu'en 1982. Il lui faudra sans doute alors prendre des engagements financiers drastiques, qui ne lui laisseront que peu de liberté d'action, en participant à certaines associations ou communautés économiques. Sur le moment, la Syrie aura l'impression d'avoir trouvé la solution définitive à ses problèmes et elle se bercera de ces illusions pendant quelques années, pour se retrouver, vers 1988-1993, devant un étau de pressions politiques et économiques dont elle aura la plus grande peine à se dégager. Elle devra alors, comme d'innombrables autres pays, participer malgré elle aux grandes transformations politiques mondiales et en payer une partie du prix par certains sacrifices. Mais à partir de 1998, lentement, elle pourra se préparer à un avenir meilleur.

La Jordanie

Le destin de la Jordanie, dans ses grandes lignes, suit de près celui de la Syrie. Si ces deux pays commettaient l'imprudence de lier leur avenir politique, ils intensifieraient considérablement les risques dont nous venons de parler. Pourtant, il y a un grand avenir pour ces deux pays, dans la mesure où ils sauront assumer leurs responsabilités politiques avec autant d'indépendance que possible, face à leurs voisins autant qu'à leurs alliés plus lointains. Toute dépendance, toute alliance politique ou militaire comporte pour eux des pièges et des dangers. Ce n'est que dans les échanges culturels, commerciaux et techniques qu'ils pourront trouver quelque avantage.

En conservant le maximum d'autonomie, il pourront franchir au mieux la délicate période de 1988 à 1993, et commencer à forger un avenir plus clément qui commencera pour la Jordanie, aussi bien que pour la Syrie, après 1996.

Le Liban

La situation dramatique du Liban va durer longtemps encore. Le Liban devra alors, vers les années 81-82, recourir à des emprunts qui hypothéqueront lourdement son avenir. Il sera difficile de trouver un équilibre social et de nouveaux troubles pourront surgir, créant de la fébrilité et de l'insécurité jusque vers 1985 pour le moins.

C'est à partir de 1994 que le Liban va définitivement se stabiliser, politiquement, idéologiquement, et commencer à vivre une certaine unité qui sera garante pour lui d'un mieux-être évident.

L'Irak

L'Irak semble avoir franchi les étapes les plus difficiles de son avenir, pour d'assez longues années, et en 1981, il devrait réaliser d'importants objectifs économiques et voir sa situation financière atteindre un point culminant.

C'est dire qu'à partir de 1984, il conviendra d'être un peu moins optimiste quant aux possibilités de développement industriel et financier, si l'on tient à conserver les avantages acquis jusque-là.

Des alliances économiques flatteuses et profitables pourraient inciter l'Irak à faire des investissements dangereux à l'étranger, investissements qui se transformeraient en créances peu sûres, ou en placements risqués, dès 1984. Il est donc important d'utiliser au maximum les fonds, actuellement disponibles pour le développement intérieur du pays, en vue de l'implantation de nouvelles industries, d'un réveil et d'une planification de toutes les formes d'artisanat qui constitueront plus tard une source importante de revenus. Cela peut paraître aujourd'hui aberrant, mais un avenir relativement proche justifiera le bien-fondé de ces indications.

L'Arabie Saoudite

L'Arabie Saoudite a pu prendre, en 1977 et 1978, des engagements politiques ou des mesures commerciales qui constitueront des pièges à longue échéance, d'ici 1984-1985, et qui apporteront de graves ennuis au pays. Entre-temps, ces transactions donneront quelques résultats encourageants, dont le gouvernement sera le premier à se féliciter. Et pourtant, c'est lui qui aura, quelques années plus tard, à subir le contrecoup de ses décisions intempestives.

De 1990 à 1994, alors que bien des pays seront confrontés à de dures réalités, l'Arabie Saoudite pourra, au contraire, tirer profit des circonstances, ayant encore des réserves de pétrole et disposant d'autres sources d'énergie prêtes à être exploitées. Quoi qu'il en soit, ce sera l'un des rares pays à pouvoir disposer de conditions de vie largement satisfaisantes en un tel moment.

Le Koweit

Il est curieux que le Koweit puisse se trouver face à des difficultés économiques dans un avenir relativement proche. Il ne manquera pas d'argent ni de moyens, mais certains capitaux investis à l'étranger pourraient être immobilisés surtout en 1982 et en 1983, à cause de mesures économiques prises à l'improviste par les gouvernements des pays où le Koweit aurait fait de très importants placements. Ce qui serait d'autant plus fâcheux qu'en 1980-1981, le Koweit aurait été parmi les premiers pays à suggérer certaines associations ou communautés d'entraide financière internationale en vue d'aider quelques pays à relancer leur économie et à résoudre leurs difficultés de trésorerie.

En 1989, le Koweit n'aura aucune difficulté à faire face au sérieux de la situation internationale en matière de crise pétrolière: ses réserves et ses moyens de pression étant moins considérables que ceux de l'Arabie Saoudite, il pourra se trouver à son tour devant des problèmes difficiles à résoudre et être obligé de céder à certaines contraintes pour conserver ses privilèges. Tout cela se passera aux alentours de 1990. Malgré quelques initiatives hardies en économie vers 1997, le Koweit abordera le siècle nouveau en faisant face à des difficultés de toutes sortes.

Le Yémen

Pour le Yémen, les meilleures années ne sont pas 1981 ni 1988, alors qu'il risque de se heurter à de nombreuses difficultés, causées par des circonstances extérieures hors de son contrôle. Le gouvernement pourra accumuler les erreurs, manquer de souplesse, donner suite à des propositions dangereuses alors qu'il en aurait de bonnes à sa portée. Pourtant, d'autres chances lui seront données, qu'il saura saisir vers 1983. Dix ans plus tard, à partir de 1993, il jouera un rôle prépondérant dans le cercle des pays arabes parce qu'il dispose de ressources naturelles précieuses et immédiatement exploitables. Dès ce moment, le Yémen sera en mesure d'intensifier son agriculture et de progresser économiquement à grands pas.

Quant aux quatre derniers pays arabes à accéder à l'indépendance depuis 1970, le Qatar, l'Oman, Le Barein et L'Émirat d'Arabie, ils seront tous fortement affectés par les événements de 1989-1993, pour refaire surface, sur des bases nouvelles, à partir de 1997.

L'Afrique du Sud

Pour en terminer avec l'Afrique et les pays arabes, nous aborderons maintenant l'analyse du thème de l'Afrique du Sud. Le résultat n'est que trop clair : on pourra peut-être prolonger une situation devenue intenable jusqu'en 1988, avec une pointe de crise en 1982, ce qui n'avantagera personne. L'avenir est sombre, puisqu'il faudra attendre 1997 pour voir enfin une éclaircie.

L'AMÉRIQUE CENTRALE ET LATINE

L'Argentine

La situation politique de l'Argentine risque de se trouver dans une impasse vers les années 1981-1982; les profonds remaniements qui s'imposeront alors seront accompagnés d'une crise économique et de conflits sociaux très importants. Mais à partir de 1988, le pays s'acheminera pour de longues années vers une période de plus grande stabilité et de prospérité, grâce à une meilleure planification économique, une meilleure répartition des richesses et de l'exploitation du sol et du sous-sol. Vers 1997, on pourrait redouter quelque agitation causée par l'inflation et l'attitude par trop dictatoriale de certains hommes politiques ou de grands financiers. Cette situation pourrait entraîner de la révolte, surtout dans les milieux intellectuels et chez les étudiants.

Le Brésil

Vers 1981, le Brésil pourrait envisager une certaine réforme monétaire ou économique, prendre certaines mesures sociales, mais celles-ci n'empêcheraient pas la situation économique et politique du pays de se détériorer gravement entre 1983 et 1985, et jusqu'en 1988. Il souffle cette année-là un peu partout sur le pays un vent de révolte et d'instabilité. Les revendications nébuleuses touchent toutes les classes de la population. On sent très bien que quelque chose doit changer dans le pays, mais on ne sait trop quoi. L'agitation prend place un peu partout. Durant ces années, le Brésil pourra faire l'expérience de divers partis politiques et équipes gouvernementales qui ne pourront apporter de solution aux problèmes du moment. Le Brésil devra attendre d'être largement entré dans le XXIe siècle avant de pouvoir vraiment accéder à une phase d'évolution nouvelle. Le pays ne rétrograde pas dangereusement, mais il ne trouve pas en lui-même, d'ici la fin du siècle, les motivations propres à lui permettre de croître en proportion de ses moyens quasi illimités.

L'Équateur

L'Équateur suivra, dans les grandes lignes, une évolution parallèle à celle du Brésil.

Le Chili

Le Chili a d'importants problèmes économiques et financiers à résoudre en 1981. Selon son attitude, il les maîtrisera ou, au contraire, il s'enfoncera dans une situation inextricable. Il lui faut donc agir très rapidement. Il y parviendra plus sûrement en compressant ses dépenses, en stimulant son industrie, en augmentant sa productivité par le règlement de certains problèmes de salaires et de conditions de travail. Il devra éviter de recourir à des aides financières et à des emprunts à l'étranger qui, assortis de conditions draconiennes et de clauses restrictives, pourraient paralyser plus tard la liberté d'action du pays en matière d'économie et de commerce extérieur.

À partir de 1984 cependant, le Chili va connaître une nouvelle structure politique qui permettra un redressement lent et sûr du pays, lequel sera en mesure de vivre de façon plus autonome dans des conditions nettement améliorées.

Le Pérou

Dans les prochaines années, le Pérou risque de connaître une certaine agitation sociale et politique qui pourra entraîner des changements gouvernementaux, lesquels ne seront pas toujours des améliorations.

Par contre, de 1986 à 1988, certaines mesures favorables

dans le domaine de l'éducation et de la formation professionnelle, des initiatives hardies dans le domaine des sciences et de l'industrie pourront apporter un certain renouveau, le goût d'une certaine renaissance nationale, un certain optimisme. Mais, dès 1992, de nouvelles difficultés, causées sans doute par les répercussions des événements politiques du moment ou provoquées par certaines catastrophes naturelles, risquent de briser passagèrement cet élan en reportant à la fin du siècle un nouveau départ.

Le Vénézuela, la Colombie, le Honduras

Bien que fort différents, le Vénézuéla, la Colombie, le Honduras vont poursuivre une évolution presque parallèle au cours des prochaines années. Ils vont connaître, presque en même temps, des tensions sociales et des difficultés majeures, et de l'instabilité politique sérieuse vers 1982.

Par contre, c'est aussi entre 1989 et 1994 qu'ils vont pouvoir bénéficier, presque en même temps, des événements mondiaux, pour donner une impulsion nouvelle à leur économie, intensifier leur production industrielle, agricole, minière et énergétique, accédant ainsi à un niveau supérieur de vie et progressant dans l'échelle économique et politique mondiale.

La Bolivie

D'ici 1982, la Bolivie va affronter une série de difficultés qui pourront ébranler sérieusement le gouvernement et provoquer beaucoup d'agitation et de mécontentement dans la population. La situation se complique partout et il est peu de domaines dans lesquels on puisse remarquer quelques progrès. Heureusement, cette période de crise sera relativement brève, puisque de 1983 à 1988, le pays connaîtra une période de reprise économique compliquée et en 1989, des troubles sociaux et politiques assez graves. Il faudra attendre 1992 et 1993 pour que la Bolivie accède enfin à une phase de développement économique important. Les richesses de son sous-sol, exploitées selon un plan d'ensemble bien défini, apporteront au pays un bien-être nouveau.

Le Paraguay

La situation financière, économique et politique atteint un point critique. Après une brève accalmie, la situation se détériore de nouveau vers 1983, entraînant alors des changements profonds et durables.

À partir de 1989, le Paraguay fait partie des pays qui vont bénéficier de la situation politique mondiale pour faire fructifier leur économie, grâce à une meilleure utilisation des richesses naturelles, tant minières qu'agricoles, et des réservoirs d'énergie. Cette période d'évolution va se maintenir jusque vers 1995. Vers l'an 2000, un retour à une politique économique plus traditionnelle risque de faire perdre au Paraguay certains des avantages et des progrès qu'il avait connus au cours des dix dernières années.

L'Uruguay

L'Uruguay pourra connaître bientôt une période d'instabilité économique et politique, ce qui pourra inciter le gouvernement à prendre des mesures financières ou fiscales très impopulaires. Pourtant, à partir de 1984, sous l'impulsion d'une nouvelle équipe gouvernementale, il pourra amorcer une planification plus efficace de son économie et connaître une progression presque constante au cours des douze prochaines années, jusque vers 1996. Un temps d'arrêt, d'instabilité et de confusion marquera 1988, puis, un peu plus tard, l'an 2000.

Le Costa Rica et le Nicaragua

En Amérique centrale, outre le Honduras, on ne voit guère que le Costa Rica et le Nicaragua qui pourront connaître à leur tour une certaine expansion économique et politique à partir de 1989 jusque vers 1996. Entre-temps, ils auront eu à affronter — en 1980-1981 et en 1988 pour le Costa Rica, et en 1982-1983 et 1984 pour le Nicaragua —, des difficultés et des conflits politiques majeurs.

Le Panama

Le Panama vogue vers un avenir difficile jusqu'en 1990, chaque effort d'expansion se heurtant à des échecs ou à des oppositions venues aussi bien de complications et de lenteurs administratives que de circonstances extérieures dont personne ne sera responsable.

Par contre, dès 1997, il entrera dans une phase d'évolution économique qui le conduira, dès 2000, à une stabilité politique et à une autonomie de bon aloi, qu'on peut prévoir de longue durée.

Le Guatemala

1981 est une année difficile pour le Guatemala, qui risque d'avoir à prendre de lourds engagements financiers pour résoudre partiellement une situation économique périlleuse.

Après une légère détente en 1982, de nouveaux obstacles surgissent dès 1984, ce qui oblige le gouvernement à prendre des mesures drastiques. Le retour à un état de crise possible vers 1988 amènera vraisemblablement des changements profonds dans les structures politiques du pays qui semble peu touché, par ailleurs, par les événements mondiaux de 1989-1993.

Le pays reprend vie et vigueur à partir de 1995 et connaît alors une expansion rapide en s'adaptant remarquablement aux grands courants politiques, culturels et économiques du moment.

L'AUSTRALIE

Lorsqu'on parle de l'Australie, on a toujours l'impression de voir un pays en pleine expansion et sans histoire; on a pu en conserver encore cette image jusque vers 1979, alors que certaines réformes parurent satisfaire aux exigences de la situation politique du moment.

Mais à partir de 1981, progressivement, sous la pression des événements internationaux surtout, l'Australie va faire face à des difficultés majeures qui ne feront que croître avec le temps. Les conflits de travail en particulier vont paralyser la production agricole et industrielle, l'élevage, l'exploitation des mines, précisément au moment où le monde aura le plus grand besoin de toutes ces richesses, ce qui pourra empêcher l'Australie de respecter certains traités commerciaux. L'Australie aura à faire face à tour de rôle, ou simultanément, à des grèves et aux problèmes sociaux qui en découlent, à des pressions politiques très fortes de la part de l'opposition et à des difficultés dans ses relations extérieures. Ces événements provoqueront des scissions et des remaniements qui ne feront que ralentir encore l'application des solutions aux problèmes. Toute cette instabilité va perdurer jusque vers 1985.

Vers 1989, l'Australie sera probablement en mesure de résoudre partiellement ses problèmes d'énergie et connaîtra dès lors un développement industriel, agricole et minier de plus en plus accéléré, qui lui permettra d'atteindre vers 2000 une nouvelle phase de stabilité.

La Nouvelle-Zélande

La Nouvelle-Zélande est exposée à subir des transformations politiques profondes vers 1981, si elle tient à s'adapter aux grands courants internationaux qui exigent de nouvelles approches des grands problèmes économiques et sociaux mondiaux. Si elle oublie de le faire vers ce moment, elle risque de se trouver devant une situation périlleuse, en 1982, alors qu'elle sera amenée à prendre des décisions hâtives sous la pression des événements.

Vers 1985, l'accélération de son industrialisation, l'application de mesures d'avant-garde dans l'industrie et dans l'agriculture, l'accès à de nouvelles sources d'énergie électriques ou nucléaires lui permettront de faire un prodigieux bond en avant et de se placer parmi les pays producteurs les plus progressistes du monde.

De 1989 à 1994, la Nouvelle-Zélande aura à faire un effort particulier pour répondre aux besoins du monde en aliments, en matières premières et en énergie, ce qui pourra laisser l'économie du pays quelque peu essoufflée. Mais un nouvel élan l'anime à partir de 1997-1998, la plaçant de nouveau en position de force parmi les nations les plus productrices de la terre.

L'AMÉRIQUE DU NORD

Les États-Unis

Les événements qui vont se préciser en 1981 — un grand tournant économique et politique s'amorce alors pour une vingtaine d'années — prennent racine dans les mesures économiques et dans les circonstances politiques qui ont marqué la vie américaine depuis 1973-1974. À ce moment, la quadrature Saturne-Pluton s'est faite à l'emplacement — pour Pluton — de la conjonction « anormale » de Jupiter et de Saturne, laquelle se fait en 1980-1981, au début du signe de la Balance.

Voilà donc tout un ensemble de circonstances : la fin de la guerre au Viêt-Nam, le Watergate, la démission de M. Nixon, l'accès au pouvoir de M. Carter après le mandat de M. Ford, le scandale financier de la Lockeed, le chômage et l'inflation qui amènent le gouvernement américain à édicter de nouvelles mesures économiques. La nouvelle structure économique s'étendra bientôt à tout le monde occidental, afin de prévenir une détérioration politique et financière encore plus grave.

1981 risque d'amener un réveil brutal; la situation économique et politique est devenue si sérieuse qu'elle exige des solutions drastiques et immédiates. On n'aura jamais autant légiféré qu'en cette période : on fait appel à des juristes, à des économistes, à des spécialistes de toutes les disciplines pour étayer un système économique et financier dont on dira monts et merveilles, mais qui sera la source de toutes les difficultés des vingt prochaines années. Comme il s'agit d'un processus irréversible, seules de nouvelles mesures peuvent mettre fin à une situation devenue intolérable. Le monde financier occidental tout entier se trouve dans une impasse et, même s'il donne à l'humanité l'image de savoir remarquablement ce qu'il fait et de lui apporter les solutions indispensables, il se leurre et un proche avenir prouvera qu'il est dangereux d'innover en matière d'économie collective. Le tournant, qu'on observe actuellement en astrologie, ne se fera pas sous forme d'une véritable révolution économique; des paliers successifs nous amèneront tranquillement à cette forme de dirigisme économique quasi total qui va ralentir l'évolution financière pendant de longues années.

En 1981, la pression gouvernementale sur les finances, sur le commerce, sur l'industrie se fait de plus en plus forte : les dépenses et les charges gouvernementales s'alourdissent. On prévoit des mesures pour soulager cette pression. Mais, ce qu'on nous donne d'une main est retiré doublement de l'autre.

Des problèmes majeurs secoueront les transports et les communications. Il y aura recrudescence de catastrophes aériennes. La grande instabilité des marchés suscitera une forte nervosité dans les milieux commerciaux.

Janvier 1982 s'annonce assez positif; on a l'impression de remonter des courants difficiles. Mais tout cela dure peu et le reste de l'année demeure encore infiniment confus et difficile. Aucun des problèmes de 1981 n'est vraiment résolu; on a trouvé quelques solutions provisoires sans toutefois aller plus loin. Le malaise social s'accroît et se complique singulièrement de conflits ou de tensions à l'extérieur, dans les relations internationales. Le maximum de complications semble surgir aux alentours de la fête nationale, en fin de juin et au début de juillet.

Sur le plan financier et économique, les É.-U. peinent encore au cours des années 1983 et 1984. Les transports, l'aviation, les communications et télécommunications, les expériences spatiales semblent être à l'origine de problèmes importants, surtout durant les mois de février, de mai et de juin. La recherche scientifique coûte très cher et suscite maintes controverses. L'agitation est forte dans les domaines de l'éducation et parmi les jeunes. Certaines innovations apportées sur le plan économique et financier sont mal accueillies par la population. C'est surtout d'avril à juin, puis en août et septembre 1983, que les tensions sont les plus fortes, à l'intérieur comme dans le domaine international. En 1984, c'est en août et en septembre.

1985 marque un progrès par rapport aux années précédentes. Sans parler d'une détente réelle, on songe à un ralentissement dans les difficultés. En mai et en novembre, il se manifeste un peu de mécontentement populaire. Il y a recrudescence de mortalité infantile ou de troubles congénitaux tandis que les revendications sociales des mouvements féministes se heurtent à de fortes oppositions.

1986 pourrait coïncider avec une certaine reprise économique. Le gouvernement s'en trouve consolidé et partout, dans les industries, dans les administrations, dans le monde du commerce, on sent renaître l'espoir, on planifie de grands projets de longue durée. Les valeurs immobilières, foncières et industrielles reprennent de la valeur et de la vigueur. L'industrie chimique progresse: on règle mieux certains problèmes d'assistance sociale. C'est comme une porte ouverte sur l'avenir. Mais en octobre, quelques complications majeures peuvent survenir dans les milieux gouvernementaux ou chez des personnages politiques de tout premier plan.

En 1987, c'est surtout au début du printemps, puis plus faiblement au début de l'automne, que des difficultés pourront surgir, à la suite d'une inflation ou de grèves et de conflits sérieux entre les syndicats et le gouvernement, probablement à la suite de hausses de taxes et d'impôts. Des restrictions possibles à certaines libertés syndicales et sur la propriété immobilière privée ou des charges nouvelles sur des propriétés unifamiliales créent beaucoup de mécontentement.

En 1988, les É.-U. semblent relativement peu touchés par les transformations politiques qui s'opèrent un peu partout dans le monde. Ils en profitent pour accroître leur action et leur prestige sur le plan international, et agissent comme médiateurs dans certains conflits et dans certaines crises. On remarque des progrès dans le règlement des problèmes économiques et sociaux à l'intérieur du pays.

Par contre, en 1989 et en 1990, les É.-U. ressentiront très fortement les difficultés mondiales actuelles; comme il n'est pas question de s'isoler face aux énormes problèmes internationaux, le gouvernement semble sérieusement entravé dans ses efforts et dans ses initiatives. Il a à faire face aussi à une importante crise de l'énergie, qui l'amène à imposer des restrictions impopulaires; une disette de produits alimentaires survient par suite de destructions de récoltes ou d'autres cataclysmes naturels. L'action des É.-U. demeure importante sur le plan international, où des mesures d'entraide jouent de part et d'autre, surtout à la fin de l'été, et à l'automne. Loin de s'atténuer en 1990, ces problèmes gagnent au contraire en importance, surtout en mai et en juin.

Les six premiers mois de 1991 demeurent assez difficiles; mais, dès la fin de l'été, on remarque une belle éclaircie qui s'accentuera au cours des années 1992 et 1993. C'est en 1992, surtout, que les É.-U. connaissent de nouveau une période plus calme, plus agréable, plus positive: le pays refait son unité, s'attache à consolider ses forces, aussi bien politiques que financières et sociales. On peut bénéficier d'une sorte de trève entre les milieux ouvriers, gouvernementaux et patronaux; on abandonne certaines mesures de dirigisme économique, ce qui détend un peu la situation; on règle partiellement certains problèmes d'énergie et l'on voit poindre des solutions définitives, ce qui compte beaucoup dans le retour à une certaine confiance, un certain bien-être, un certain optimisme.

Comme 1993 constitue une année très importante sur le plan mondial, les États-Unis semblent prendre ce tournant de façon très positive, proposant des solutions, offrant des terrains de conciliation, prenant des initiatives favorables et avantageuses, tout en ramenant un certain équilibre international. Si ces propositions ne sont pas acceptées, les É.-U. n'en souffriront pas particulièrement, sauf peut-être vers le mois de novembre 1993 et vers le mois de mai 1994, alors que le gouvernement aura à se défendre contre une certaine impopularité ou contre les attaques de milieux non isolationistes. Dès les mois de juin et de juillet 1994, sa politique sera cependant appréciée, car elle aura donné des fruits et empêché la généralisation de certains conflits ou de certains différends internationaux.

1995 marque également, surtout vers la fin de l'année, une possibilité d'expansion économique, une plus grande libéralisation de l'économie privée.

En 1996, il y a deux mois au cours desquels le gouvernement risque de se trouver en difficulté: avril et octobre. Les luttes politiques sont plus âpres et la population plus revendicatrice. Certaines charges sociales, notamment les conditions des personnes âgées, deviennent plus lourdes et nécessistent la prise de mesures nouvelles.

1997 est soumise à des influences fortement contradictoires.

Mars, novembre et décembre sont difficiles sur le plan politique et gouvernemental : l'opposition se fait plus forte et la pression des événements, plus pesante, accroît les charges gouvernementales. On reproche au gouvernement et à l'administration leur trop forte rigidité, leur manque de souplesse, et l'on sera sans doute amené à concéder certains amendements à des lois et à des mesures devenues désuètes. C'est en mai et en juin que des mesures progressistes pourraient être prises. Il semble qu'un peu partout on prône le rajeunissement des cadres. Durant cette période, on remarque des progrès marquants dans les sciences, les transports, les communications, les télécommunications, l'industrie. Par contre, la santé publique et le secteur de la médecine professionnelle marquent un recul.

Cette situation bizarre et contradictoire continue au début de 1998, tandis que le reste de l'année devient nettement plus intéressant.

Les trois premiers mois de 1999 sont teintés d'un optimisme étonnant qui n'est pas tellement de mise : on élabore de grands projets, plus mirifiques et plus coûteux les uns que les autres. Est-ce pour fêter la dernière année du millénaire ? Curieusement, dès les mois de mai, de juin et de juillet, tout semble prendre plus de gravité et de mesure. En juin, en juillet et en décembre se reforme la conjonction Jupiter-Saturne, mais dans les formes traditionnelles cette fois-ci, dans le signe de terre du Taureau. Elle clôt le cycle de la conjonction Jupiter-Saturne « anormale » des années 1980-1981 et nous ramène momentanément à une forme d'économie plus classique, plus traditionnelle, génératrice de plus de sécurité. On redevient plus sagement progressiste. C'est une année où les É.-U. vont mettre l'accent sur toutes sortes de rétrospectives. On semble bien plus conservateur que futuriste en ce tournant de millénaire.

Cela continue ainsi durant l'an 2000, sauf au moment de l'anniversaire des É.-U., le 4 juillet, alors que le Soleil vient de subir une éclipse, ce qui n'est jamais un élément satisfaisant pour le pays impliqué.

Le Canada et le Québec

L'un des problèmes économico-politiques majeurs en Amérique du Nord est l'arrivée au pouvoir, le 15 novembre 1976, du parti souverainiste de M. René Lévesque, au Québec, la seule province qui soit de langue française parmi les dix que compte la Confédération canadienne.

Jusqu'à aujourd'hui, il était difficile de comprendre astrologiquement le problème Canada-Québec car, chaque fois que l'on s'informait de la date de la constitution de la province de Québec, telle qu'on la connaît maintenant, on recevait comme réponse : la même que celle du Canada, soit le 1er juillet 1867, à 0 h 00, selon l'Acte de l'Amérique du Nord britannique. Lorsqu'on observait ce thème, il expliquait bien une certaine instabilité, mais non les divergences évidentes entre le Canada et le Québec. Ce n'est qu'après avoir mis à contribution des amis épris d'histoire que nous avons enfin obtenu la date de l'assermentation du premier cabinet provincial québécois, soit le 15 juillet 1867, quinze jours après la date de fondation de la Confédération canadienne.

Les configurations planétaires du moment, à cause du cheminement de certaines planètes et de la Lune durant cette quinzaine de jours, font apparaître les oppositions fondamentales et les antagonismes qui existent entre deux modes de vie, de concepts, de religions, mais qui soulignent aussi l'étroite interdépendance économique.

Dans le thème du Canada, on trouve une étroite conjonction Lune-Uranus-Soleil, en trigone à Jupiter et en sextile à Mars, Mars et Jupiter étant opposés. Dans le thème du Québec, le Soleil s'est éloigné d'Uranus, maintenant conjointe à Vénus; la Lune leur est opposée, en aspects harmoniques avec Mars et Jupiter, eux-mêmes en opposition plus large. Mercure qui, dans le thème du Canada, fait un seul quinconce avec Jupiter, prend un relief plus dangereux dans celui du Québec, en formant une quadrature avec Saturne et Pluton, eux-mêmes en opposition.

Le thème du Canada reflète bien ce qu'il est réellement : un pays composé d'ethnies très diverses, conservant leur originalité et capables de fournir un effort commun pour leur développement commun, dans une certaine liberté.

Le thème du Québec reflète lui aussi profondément sa nature hyperémotive, profondément attachée à ses origines « maternelles » (Uranus-Vénus au Cancer opposée à la Lune), la France, de même qu'à ses convictions religieuses et à sa culture (Mercure au Lion, trigone Neptune, mais quadrature Saturne-Pluton, ce qui n'exclut pas une certaine rigidité). C'est cette dernière configuration d'ailleurs qui semble « rythmer » les périodes de crises entre le Québec et le Canada, les périodes de plus grandes tensions apparaissant approximativement soit tous les sept ans, soit tous les trente ans, selon la marche de Saturne.

On n'étonnera personne en soulignant combien les quatre années, de 1977 à 1980, ont été décisives pour l'avenir du Canada et du Québec.

Le référendum sur la souveraineté du Québec a eu lieu, comme nous l'annoncions 3 ans d'avance, en mai 80, et s'est soldé par un échec.

En résumé, ces quatre années de 1977 à 1980 devaient correspondre plus à la prise de conscience de la nécessité et de la probabilité de l'accession à la souveraineté du Québec qu'à sa réalisation. Il faudra une dizaine d'années encore pour que l'idée fasse son chemin et pour que l'on puisse mettre en place les éléments qui amèneront les changements majeurs au Canada.

Mais, ainsi que je l'expliquerai plus loin, il ne s'agira plus seulement de la souveraineté du Québec, mais d'une sorte d'éclatement du Canada, sous la pression d'événements majeurs, qui obligeront toutes les provinces à reconsidérer leur statut au sein de la Confédération. Tout cela ne se fera pas en un seul jour : des années vont être nécessaires pour faire le point de l'ensemble de la situation et procéder aux transformations nécessaires.

Le Canada ne s'achemine pas vers une révolution, mais vers une révision de sa constitution, dont il ressortira profondément transformé, et vraisemblablement assez morcelé. Et ce n'est qu'au moment où il se sera donné une nouvelle constitution qu'on pourra savoir si c'est pour le bien ou pour le malheur de son avenir.

En 1981, le Canada est moins directement touché par les

répercussions des événements économiques mondiaux que les É-U. Vers la fin de l'année, il peut même connaître une période de reprise économique intéressante : il pourra contracter alors certaines alliances économiques avantageuses et connaître une certaines stabilité monétaire et financière, une reprise industrielle qui va durer et se préciser aussi durant les six premiers mois de 1982.

Les six derniers mois de 1982, plus agités politiquement et socialement, peuvent marquer la reprise de certaines dissensions entre provinces.

En 1983, de nouvelles charges fiscales, de nouvelles taxes et un plus grand endettement national recréent un certain esprit de méfiance dans la population et les sept premiers mois de l'année sont financièrement difficiles. Des restrictions probables du crédit et des mesures financières restrictives seront annoncées.

Durant toute l'année, le gouvernement est en butte à des difficultés et à des oppositions qui s'affirment; la tension politique s'accentue et certaines alliances se révèlent si lourdes que le gouvernement cherche à se libérer de certaines responsabilités ou de certaines charges internationales, en ouvrant de nouveaux débouchés au commerce du pays. Le Québec traverse une période difficile et a de la peine à faire face à certains engagements financiers ou commerciaux. Ses milieux éducatifs, étudiants et intellectuels montrent plus d'agressivité.

L'année 1985 semble un peu moins importante, tandis que 1986 peut ramener des problèmes d'inflation, de charges sociales devenues très lourdes. On parle de compression de budgets et de dépenses, surtout durant tout le printemps 1986; puis à l'automne, il y a risque d'instabilité dans le monde ouvrier, au sein des syndicats.

La tension sociale s'accroît en 1987, les revendications salariales augmentent et il est difficile de s'entendre entre syndicats-patronat-gouvernement, les points de vue et les intérêts étant trop divergents.

Les années 1988 et 1992 vont être sans aucun doute les années les plus importantes de l'histoire du Canada, années qui ne seront pas les plus faciles, bien au contraire.

Il est possible qu'au cours de ces années, le Canada soit

amené à rompre certaines alliances internationales, à réviser partiellement sa constitution; tout cela procède d'une politique nationale et internationale extrêmement active, extrêmement changeante.

Matériellement, financièrement, le pays connaît plutôt une certaine hausse, un certain progrès. Il accède à un nouveau palier dans l'échelle des valeurs et des puissances internationales. La découverte ou l'exploitation de nouvelles richesses naturelles entraînent des convoitises ou changent certains rapports de forces dans l'équilibre mondial. Le pays doit s'adapter à des conditions nouvelles et résoudre des problèmes innombrables pour lesquels il n'est que peu préparé. Avril, mai et août 1989 sont assez difficiles.

De janvier à avril 1990, on peut mettre en branle de nombreux mécanismes utiles à l'organisation d'une économie nouvelle et passer des contrats avantageux avec des pays voisins, tout en conservant une autonomie certaine. Sur le plan politique intérieur, on s'agite beaucoup et il peut être question de souveraineté plus que jamais, pas seulement pour le Québec, semble-t-il. Si le Canada devait éclater, ce serait sans doute entre les années 1990-1992, et dans des conditions beaucoup plus vastes et beaucoup plus dangereuses que si l'accession à la souveraineté avait dû se faire antérieurement.

Le Canada a toujours été un pays « à part » et il est révélateur, au moment où le monde doit s'unir pour survivre, que le Canada choisisse précisément cette période pour opérer sa propre transformation.

Les années 1991 à 1992 sont difficiles politiquement, les affrontements et les conflits sont sans fin.

Novembre et décembre 1993, de même que les sept premiers mois de 1994, sont extrêmement intéressants financièrement, économiquement et industriellement pour le Canada. Toutefois, les conflits politiques demeurent et les luttes sont âpres dans les sphères dirigeantes et dans l'opposition.

En décembre 1994, puis en janvier et en août 1995, on augmente les taxes et les charges fiscales, une fois de plus; on fait des dépenses extravagantes et des investissements vertigineux qui ne sont pas tous indispensables, ni sans danger. Par contre, la situation économique tend à se stabiliser lentement, d'avril à juillet. On revient à des valeurs anciennes, on parle du « bon vieux temps », on rappelle au pouvoir d'anciens hommes politiques ou on les appelle en consultation. Après l'agitation des dernières années, on a besoin de se resécuriser, de revenir à un certain équilibre, à une certaine stabilité. On cherche à trouver des solutions aux problèmes du moment plutôt que de foncer droit dans l'avenir.

De mars à septembre 1996, on s'attache surtout à mettre en valeur les richesses naturelles, à donner aux populations, en plus d'un certain bien-être matériel, une conscience civique plus précise, on se rapproche d'anciens adversaires.

1997 ne se distingue guère de 1996. Par contre, dès le début de 1998, on échafaude de nouveaux projets. Comme on vient de franchir une étape décisive dans la vie du pays, on sent la nécessité de le réorganiser en profondeur, sur des bases nouvelles. Un certain esprit d'entraide compense les affrontements du passé. On se rend compte aussi que la liberté ou la souveraineté peuvent conduire à une certaine solitude. La décentralisation est coûteuse et, partout dans le monde, les charges des gouvernements ne cessent de croître, le dirigisme économique est plus paralysant que stimulant; il est temps de reviser certaines positions et certaines mesures de contrainte financière ou industrielle pour accroître les chances d'expansion.

Mais, comme chaque fois qu'on met de l'ordre sur le plan économique au Canada, c'est la situation politique interne du pays qui en souffre, et c'est une fois de plus le cas en 1999. Le temps est venu de tourner une page non sans une certaine mélancolie.

Le 1er juillet 2000, jour de l'anniversaire du Canada, est jour d'éclipse solaire, de même que le jour de Noël de la même année. Est-ce à dire que l'on entre dans ce nouveau millénaire avec nostalgie, en cherchant une fois de plus le véritable statut politique du Canada?

Le Mexique

Le Mexique va jouer un grand rôle vers la fin du siècle. Cela pourra commencer par une certaine agitation sociale et des remous importants dans les milieux de l'armée, puis chez les intellectuels; une recrudescence d'attentats et de violence, des luttes pour le pouvoir sont à prévoir. Puis, les tensions gagnent les milieux industriels et le prolétariat. La répression semble forte et il faudra attendre sans doute jusque vers 1982 pour que le gouvernement soit profondément ébranlé. La grave situation économique du pays entraîne des troubles politiques sérieux et difficiles à réprimer : la pression des événements extérieurs et de la situation internationale accentue les difficultés et les malaises, ce qui oblige les autorités à se battre sur de multiples fronts à la fois, pour redresser la situation compromise à l'intérieur.

Les années 1981-1982 peuvent également coïncider avec des conditions climatiques défavorables, dangereuses pour les récoltes et pour le bétail; on peut redouter aussi certaines catastrophes naturelles ou industrielles assez importantes.

Mais ce sont surtout les années 1990 à 1997 qui vont être déterminantes pour le destin du Mexique. Ce pays peut devenir un des chefs de file des transformations économiques et sociales qui s'opéreront alors à travers le monde. C'est comme si ce pays passait d'un camp dans un autre ou servait de médiateur entre des forces opposées. Alors que son rôle international grandit, il rencontre à l'intérieur encore beaucoup de difficultés et de problèmes à résoudre dans le domaine de l'économie, de l'exploitation de ses richesses naturelles, de son industrialisation, de la formation et de l'éducation de sa population. Une immigration étrangère importante ajouterait encore aux problèmes intérieurs.

Néanmoins, on peut parler alors d'un Mexique en pleine effervescence, en pleine transformation et au seuil d'une évolution parmi les plus marquantes de son histoire.

LES GRANDES INSTITUTIONS INTERNATIONALES D'ICI L'AN 2000

L'ONU

Il semble probable que l'ONU sera amenée à procéder à une réorganisation administrative en profondeur en 1981 et que même à ce moment, il pourra être question d'une révision de ses statuts et de ses buts et de transformations majeures dans la composition de la direction. Son budget et l'administration de celui-ci pourront faire l'objet de critiques, d'enquêtes ou de compressions drastiques.

Dès les années 1986 à 1989, on peut s'attendre à une certaine désagrégation et il semble vraisemblable que sous la pression d'événements extérieurs ou de conflits, une quantité de pays pourront se retirer ou être expulsés de l'ONU, à moins que ses structures ne soient fondamentalement changées. Ces années constituent sans doute des années cruciales pour la survie de l'ONU et il n'est pas certain qu'elle puisse subsister alors, en tout cas pas sous sa forme actuelle, ni en respectant les principes qui ont présidé à sa fondation.

Les conflits qui pourraient surgir vers 1982-84 risquent d'ailleurs de créer un climat dramatique à l'ONU et de diviser profondément certains de ses membres.

L'OTAN

Il semble qu'un effort de regroupement des forces de l'Otan va se confirmer en 1981-82. L'Occident sent la nécessité d'une plus grande unité d'action.

Les années 1982 à 1987 vont être très difficiles pour l'Otan : qu'en restera-t-il après ? Il est bien difficile de le dire, car le thème astrologique établi pour la date de sa fondation ne présente guère de configurations planétaires majeures qui puissent nous éclairer sur son avenir après 1987-88.

La Communauté économique européenne

Le Traité de Rome a été scellé le 25 mars 1957 pour être mis en application par la CEE le 1er janvier 1958, et les thèmes qui ont été dressés pour ces moments indiquent bien une structure économique efficace, qui servira de modèle à d'autres alliances ultérieures de même ordre. Cependant, presque tous les 3 ans, la CEE traversera une courte crise, nécessitant des entretiens urgents, des remises en question qui feront perdre beaucoup de temps et d'argent en vain, ou pour des motifs futiles. Par contre, en 1981, on pourra procéder à des réformes valables et durables, qui tiendront mieux compte des réalités. Ces structures pourraient être renforcées encore vers 1986-1987.

Par contre, dès 1994 et jusqu'en 1997, la CEE va traverser une crise grave de son histoire, et si elle se maintient alors, ce ne sera que complètement transformée.

Chapitre VII

Que pouvons-nous attendre de cette étrange fin de siècle?

Nous avons étudié, dans les pages précédentes, les multiples probabilités des 23 prochaines années.

Nous avons pu déterminer clairement que certaines années sont particulièrement importantes : 1981 sur le plan économique; 1982-84 sur le plan politique; 1989 à 1993 constitue l'étape la plus difficile et la plus dangereuse de la fin du siècle; 1997 marque un élan vers un renouveau, et 2000 un retour en arrière. Mais en fait, à quoi pouvons-nous nous attendre exactement ? Quels sont les pays qui seront favorisés et quels sont ceux qui, au contraire, seront dangereusement touchés par ces événements ? Ici, l'astrologue doit cesser de n'interpréter que « des signes dans le ciel » pour essayer de les traduire en phénomènes humains et mondiaux. Sa vision est alors personnelle, partiellement teintée par sa connaissance des événements actuels, donc subjective. Mais on ne peut avoir préparé une étude de cette envergure sans en tirer des conclusions personnelles. Les voici.

Dans l'immédiat, c'est la conjonction Jupiter/Saturne de 1980-81 qui retient l'attention. Elle indique que le *monde occidental* — donc l'Amérique et l'Europe — s'achemine vers une planification économique qui restreindra de plus en plus la liberté des entreprises commerciales et industrielles; même si l'on ne parle pas de nationalisation collective comme dans les pays de l'Est, la marge réelle de liberté totale n'est guère plus grande. Le temps est fini où des hommes seuls pouvaient édifier des fortunes et des empires financiers. Tôt ou tard, l'homme doit s'intégrer dans des structures précises, au sein de groupements, de sociétés ou de trusts qui vont être de plus en plus contrôlés par des organismes gouvernementaux; ce qui restera de liberté à l'homme, ce sera de chercher à progresser au maximum à l'intérieur d'organisations de travail très structurées et de chercher à s'assurer une retraite aussi confortable que possible, matériellement et intellectuellement.

Car, parallèlement à l'uniformisation des structures financière et économiques de l'Occident, on va assister à une telle augmentation des dépenses gouvernementales et des budgets nationaux que les pays devront, en plus d'augmenter encore les impôts et les taxes, réduire au maximum les investissements non rentables tels que l'assistance sociale, les pensions de vieillesse, etc.

1981-82 vont sûrement amener la création de nouveaux organismes internationaux dans le bloc occidental et dans les pays en voie de développement, destinés à essayer de nouvelles formes d'économie et de cogestion monétaire, sur lesquels on fondera de grands espoirs. Malheureusement, ils se révéleront bientôt décevants — surtout vers 1989 — parce que prématurés. Ce n'est que vers 2040 que le monde sera assez mûr pour comprendre et utiliser les théories économiques qui auront été prônées en 1980-81. Ces théories seront d'ailleurs sans doute abandonnées vers 2000 pour une quarantaine d'années, pendant lesquelles on reviendra à une forme d'économie plus traditionnelle, fortement basée sur l'agriculture, les biens fonciers et l'épargne (Jupiter conj. Saturne au Taureau).

Pendant ces années 1981-82, dans les *pays de l'Est*, on tentera certaines expériences d'économie plus libérale, on sera plus ouvert à des échanges commerciaux avec l'étranger; on cherchera à intensifier le commerce extérieur, et cette expérience pourra durer près de 6 à 7 ans, dans la mesure où la situation politique mondiale tendue de 1982 à 1984 n'aura pas exigé le retour à une plus grande autonomie économique, à la constitution de réserves et à une intensification du réarmement. Et pas seulement dans les pays de l'Est.

Car il ne faut pas oublier que les années 1982 à 1984 sont très dangereuses sur le plan international; il y a risque de conflits armés, dont nous ne pourrons préciser l'ampleur et la durée que lorsqu'un état de guerre aura été déclaré. Disons qu'il y a danger de conflit durant ces années, que des pays de l'Est et de l'Afrique y seraient particulièrement impliqués.

À partir de 1988, les pays de l'Est reviendront à une politique économique en circuit fermé.

Les années 1981-82 pourront marquer aussi l'établissement de banques ou d'organismes financiers arabes, destinés à faire des investissements dans certains pays en voie de développement. Mais les garanties et les hypothèques sur l'avenir de ces pays, exigées par le monde arabe — qui verrait dans cette entreprise l'occasion de s'assurer de nouvelles sources de revenus lorsque ses puits de pétrole seront épuisés —, risqueront vers 1989 de susciter des conflits sérieux.

Vers 1988, les pays occidentaux et capitalistes (Amérique et Europe) vont sans doute être appelés à faire une volte-face dans leurs relations internationales, pour revenir à des notions plus traditionalistes et plus nationalistes: le « free for all » sera remplacé par le « chacun pour soi », la situation politique et économique étant alors tellement détériorée que chaque pays essaiera d'accumuler le maximum de réserves en vivres et en énergie pour retarder au maximum — sur son propre territoire — les effets d'une certaine disette que l'on peut prédire pour 1989 à 1993.

Que l'on me comprenne bien: je ne parle ni de catastrophe mondiale, ni de fin du monde, ni de famine; simplement d'une diminution des réserves mondiales en aliments et en énergie qui va obliger chaque pays à tenir compte de ce risque et à prendre les mesures qui s'imposent pour y faire face dans les meilleures conditions possibles, en apprenant à ne compter que sur ses propres ressources.

Si l'URSS a pu éviter d'intervenir dans un conflit armé entre 1982 et 1984, elle risque par contre, en 1989 et 1993, de connaître une période très difficile dans ses rapports avec ses pays satellites, s'il en est qui sont demeurés sous son influence jusque-là.

On a vu aussi que ces années seront cruciales en Extrême-Orient, où il se fait alors un brassage énorme de populations à la suite de conflits internationaux ou de troubles révolutionnaires.

Au Canada, ces années pourront correspondre à une refonte complète de la constitution, non seulement par suite de circonstances politiques, mais surtout du fait des transformations profondes survenues dans le développement économique — minier et industriel — de provinces à vocation jusque-là agricole.

Ce seront de grandes années par contre pour certains pays d'Amérique du Sud, pour l'Australie et la Nouvelle Zélande qui connaîtront un développement extraordinaire en ravitaillant en vivres et en énergie des pays moins privilégiés.

N'oublions pas non plus que c'est vers ces années 1989-93 que nous serons au cœur de la crise de l'énergie et que des conditions atmosphériques particulièrement bizarres pourront avoir des répercussions majeures sur les récoltes et l'élevage.

Par ailleurs, une diminution considérable de la proportion de la population blanche dans le monde (en 1977, elle représente environ 23% de la population mondiale, et selon les démographes, ce pourcentage pourrait passer de 23 à 12% d'ici la fin du siècle) implique automatiquement une modification profonde dans l'équilibre politique et culturel mondial.

Il ne fait nul doute que nous sommes à un tournant de l'Histoire universelle, et qu'une civilisation cède lentement le pas à une autre. Dès 1997, on assistera à la naissance de ce renouveau.

En Occident, on aura de la difficulté à se rendre compte des transformations qui s'opèrent et, pour se sécuriser, on essaiera de revenir aux vieilles formules qui avaient si bien réussi, au cours des siècles précédents, à donner aux Européens, puis aux Américains, une suprématie qu'ils ne peuvent concevoir avoir perdue.

Mais le fait est là. Le Monde se transforme lentement. Il faut bien vivre au cœur de l'Histoire pour ne pas en reconnaître les modifications les plus radicales, et c'est pourquoi nous continuons à vivre, étrangers et aveugles à ce qui change autour de nous.

La science et les systèmes d'éducation vont également vers un tournant majeur. Nous nous dirigeons vers une société de plus en plus « élitique », avec des universités de haut-savoir, très fermées, comparables aux temples de l'Antiquité. On continuera à dispenser un enseignement technique universitaire fortement spécialisé à un grand nombre d'étudiants qui formeront les cadres moyens de la société; mais, à côté de cela, un nombre de plus en plus grand de savants prendront la tête de formations para-politiques ou à caractère semi-religieux, reprenant ainsi le rôle — modernisé et adapté aux circonstances du moment — que détenaient les grands prêtres de l'Antiquité.

Les vrais maîtres des prochains siècles seront bien moins les politiciens et les économistes que des savants à vocation quasi religieuse ou humanitaire. Les Églises et les partis politiques actuels vont perdre beaucoup de pouvoir. Mais comme les hommes ne peuvent vivre sans idéal, ils s'en créeront un autre en faisant confiance aux savants qui leur offriront toutes sortes de panacées nouvelles. Les meilleures seront celles qui aideront les hommes à prendre conscience de la puissance de leurs capacités cérébrales afin de les mieux utiliser, à se rendre compte de leur dépendance face aux forces naturelles afin d'apprendre à les maîtriser mieux.

« L'homme moyen n'utilise actuellement que 30% du potentiel de son cerveau. » L'homme devra se rendre compte aussi de l'interdépendance de son corps et de son esprit afin de mieux réaliser son unité.

C'est pourquoi des sciences comme l'écologie, la diététique, les sciences naturelles, l'océanographie, la physique, l'astrophysique, la géologie, la géophysique, la vulcanologie, l'étude de toutes les ressources terrestres et de toute les ressources humaines, la biologie, la biochimie, la médecine psychosomatique, la neurologie, les techniques orientales de méditation, de yoga, la parapsychologie vont faire un bond considérable. L'homme va trouver en lui, dans son corps et dans son cerveau, des réponses qu'il était allé chercher loin.

Quant au problème de l'énergie, c'est encore dans la terre que l'homme va en trouver de nouvelles sources, probablement par des minéraux qui ont pour propriété de s'enflammer au contact de l'air (caesium, etc.) ou dans de nouvelles formes de production d'électricité — conformément à la nature d'Uranus —, mais il semble que ce ne sera guère avant 1996-97 que l'on trouvera des applications pratiques à ces formes d'énergie.

Conclusion

C'est sans doute la première fois dans l'histoire de l'astrologie qu'une analyse de cette envergure est faite. Cette recherche a nécessité l'établissement et le calcul d'une quantité considérable de cartes du ciel, puis leur analyse. J'ai voulu donner dès le départ un plan d'ensemble en tenant compte de tous les événements et de tous les courants majeurs des vingt-cinq prochaines années, en me limitant surtout aux problèmes politiques et économiques, clés de la survie du monde. Puis j'ai resserré mon étude, prospectant une année après l'autre, assignant à chacune son rôle spécifique dans le temps. Enfin, j'ai analysé le thème de chacun des pays pour lesquels j'ai pu obtenir des dates suffisamment précises — constitution ou indépendance -, face aux grands courants planétaires des prochaines années.

À certains moments, l'analyse peut paraître sèche; mais n'est-ce pas la nature même d'une recherche qui, du commencement à la fin, s'est voulue essentiellement objective. La tâche de l'astrologue n'est pas de prendre parti mais d'interpréter, en les synthétisant, des configurations planétaires inhabituelles, se présentant en groupes dans un espace de temps restreint, et qui toutes s'accordent à signaler de grandes crises pour l'humanité entre 1981 et 1984, puis surtout de 1989 à 1993, crises qui seront vécues bien différemment dans les divers points du monde.

Mais ces périodes de tension, si elle les dédramatise, l'humanité pourra les surmonter; À certains moments, surtout entre 1989 et 1993, on aura tendance à croire à des obstacles insurmontables, à un chambardement général, à un monde entièrement transformé. Ce sera vrai, dans une certaine mesure, pour les pays qui subiront une mutation profonde, ainsi que nous l'avons dit dans les chapitres consacrés aux cinq continents. Mais en d'autres contrées, par contre, des hommes continueront à vivre au jour le jour, sans se sentir tellement impliqués par ce qui se passera hors de leurs frontières. Et en 2000, le monde tout entier se retrouvera étonné d'être presque pareil à ce qu'il était dans les années 1975. Il retrouvera avec bonheur certaines valeurs traditionnelles après avoir fait des expériences économiques d'avant-garde dans certaines régions ou, au contraire, il sera prêt à pénétrer dans un univers pleinement futuriste, après avoir vécu une étrange fin de siècle.

Huguette Hirsig

Lexique

Comme nous avons été obligés d'employer certains termes techniques dans cet ouvrage, nous tenons à en donner une définition succinte à l'intention des lecteurs non familiers avec la terminologie astrologique.

ASPECT ou ASPECT PLANÉTAIRE : distance angulaire entre deux planètes. Il y a des aspects planétaires ***harmoniques***: le *sextile* lorsque deux planètes sont distantes de 60 degrés de longitude, ou le *trigone* lorsque deux planètes sont distantes de 120 degrés de longitude.

Des aspects *dissonants : quadrature* lorsque les deux planètes sont distantes de 90 degrés de longitude, et *opposition* lorsque les deux planètes sont distantes de 180 degrés de longitude. Enfin, les aspects *neutres,* toujours puissants, et qui peuvent simultanément exercer une influence positive et négative : les *conjonctions,* c'est-à-dire lorsque les deux planètes sont côte à côte sur le même degré du zodiaque.

Ce sont les aspects planétaires qui déterminent le plus fortement les grandes tendances, positives ou négatives, d'une période déterminée. Leur action ne se fait pas seulement sentir au moment précis de l'angle exact, mais déjà quelque temps avant et encore après. Les conjonctions Jupiter/Saturne ouvrent un cycle de 20 ans; les conjonctions Saturne/Uranus un cycle de 45 ans environ; celles de Saturne et Neptune un cycle de 35 ans environ; celles de Saturne et de Pluton un cycle de 33 ans environ; celles d'Uranus et de Neptune un cycle de 175 ans environ, celles d'Uranus et de Pluton tous les 120 ans environ; enfin, celles de Neptune et de Pluton, un cycle d'environ 500 ans.

CONJONCTION : Voir « aspect » ci-dessus.

CYCLE PLANÉTAIRE : Dans notre ouvrage, ce terme n'est employé que pour signaler le temps que met une planète pour accomplir une révolution complète du zodiaque, c'est-à-dire parcourir 360 degrés. Ou, lorsqu'il s'agit d'un cycle Jupiter/Saturne par exemple, pour signifier le temps qui s'écoule entre deux conjonctions entre ces mêmes planètes, c'est-à-dire, dans le cas présent, 20 ans. Voir « aspect » ci-dessus.

ÉCLIPSE : Il y a ÉCLIPSE DE SOLEIL lorsque la *nouvelle Lune* s'effectue sur l'écliptique, c'est-à-dire lorsque la Lune a une latitude nulle ou inférieure à un degré.

Il y a ÉCLIPSE DE LUNE si la *pleine Lune* s'effectue également sur l'écliptique, la Terre se trouvant alors interposée entre le Soleil et la Lune.

ÉCLIPTIQUE : C'est le cercle que décrit apparemment le Soleil lors de sa révolution annuelle, mais en fait c'est plutôt l'orbite réelle de la Terre, mais décrite comme un cercle.

NOUVELLE LUNE ou **LUNAISON :** Conjonction entre la Lune et le Soleil qui se reproduit tous les 29 jours environ; au moment de la nouvelle Lune, la Lune n'est pas visible dans le ciel.

La nouvelle Lune a une forte influence sur le psychisme humain, en particulier sur celui des hommes, qu'elle pertube plus ou moins (phénomène connu dans les hôpitaux psychiatriques).

OPPOSITION : Voir « aspect » ci-dessus.

PLEINE LUNE : Opposition mensuelle entre la Lune et le Soleil; elle a lieu 14 jours environ après la nouvelle Lune; la Lune est alors apparente dans sa pleine rondeur dans le ciel. La pleine Lune exerce une influence considérable sur le psychisme et le physique humain, surtout chez les femmes (gonflement, léger accroissement du poids). Recrudescence des naissances au moment de la pleine Lune.

QUADRATURE : Voir « aspect » ci-dessus.

LUMINAIRES : Le Soleil et la Lune. En astrologie mondiale, le Soleil représente le roi, le premier ministre, l'élite de la société, la noblesse, l'or. La Lune représente la reine, les femmes, la foule, l'argent.

PLANÈTES :
Mercure : représente la jeunesse, les étudiants, les intellectuels, le petit commerce, les intermédiaires, les transports et communications, le mercure, les alliages.
Vénus : représente les arts, les artistes, les artisans, leurs œuvres, la paix, le cuivre.
Mars : représente l'armée, la police, les chirurgiens, les conflits, l'industrie lourde, les incendies, le fer et l'acier.
Jupiter : représente les autorités juridiques et religieuses, les diplomates, la haute finance, les universités, les entreprises philanthropiques, l'étain.
Saturne : représente le pouvoir politique, la population âgée, les administrations gouvernementales, les biens fonciers et immobiliers, l'agriculture, les mines et carrières, la pauvreté, le plomb.
Uranus : représente les dictateurs, les syndicats, les mouvements coopératifs, les grandes entreprises d'aviation et aérospatiales, l'électricité et la technique de pointe, l'informatique, les rayonnements et ondes, l'uranium, la politique de droite.
Neptune : représente la mer et ses richesses, les compagnies de navigation, l'alcool et ses produits, les produits pharmaceutiques et chimiques, le pétrole, le neptunium, le monde de la drogue et de l'espionnage, la politique de gauche.
Pluton : représente le pouvoir de l'argent (ploutocratie), les organisations criminelles, les trusts, le sous-sol, les grottes, les volcans, les hauts-fourneaux, la cryogénie, l'industrie de guerre, les pompiers, les égoutiers, le recyclage des déchets, la pollution, le soufre, le plutonium (créé par l'homme).

SEXTILE : Voir « aspect » ci-dessus.

SIGNE : Astrologique ou zodiacal. Chacun des 12 secteurs, long chacun de 30 degrés, qui composent le zodiaque astrologique. Chaque signe a ses propres particularités qui, en astrologie mondiale, se définissent comme suit :

Bélier : signe positif, cardinal et de feu. Les chefs, dans l'armée, dans l'industrie. Les gens actifs, les sportifs. Les conflits ouverts. Les destructions par le feu.

Taureau : négatif, fixe et de terre. Les bourgeois, les paysans. Les restaurateurs. Les architectes, les artistes et les artisans. Les directeurs de banque et de commerce prospères. Les biens immobiliers (maisons de campagne, fermes surtout).

Gémeaux : positif double et d'air. Les intellectuels, les pédagogues, les littérateurs, la presse et tous les moyens de transport et de communication, la poste. Les intermédiaires et petits commerçants. Les traducteurs. Les sports de vitesse : course, saut, patinage, cyclisme.

Cancer : négatif, cardinal et d'eau. Sur le plan social : la famille. La responsabilité maternelle. La foule, les valeurs traditionnelles. Les cours d'eaux. Les inondations. L'hôtellerie, les bars. La marine.

Lion : positif, fixe et de feu. Les gouvernements. La royauté, l'élite de la population. Les grands artistes. Les grands spéculateurs. Les possédants. Les grandes manifestations artistiques. La haute diplomatie. Incendies et sécheresse.

Vierge : négatif, double et de terre. Les médecins, les classes moyennes et ouvrières ; les administrateurs, le commerce de produits de première nécessité. Les pharmaciens. Les mécaniciens et garagistes. Le personnel infirmier. Les éleveurs et agriculteurs. Les collectionneurs. Épidémies, épizooties, destructions de récoltes par maladies, insectes, etc. Famines.

Balance : positif, cardinal et d'air. Les traités, les alliances internationales, les ruptures d'alliances. Les arts raffinés. La paix. Le monde des arts et du commerce de luxe. Laisser-aller, dépravation.

Scorpion : négatif, fixe et d'eau. L'armée, la police, l'espionnage, le fisc, les taxes. Les chirurgiens, l'industrie lourde, les océanographes, la marine de guerre; la pétrochimie. Les explosifs. Les eaux et boues radioactives. Les successions. La mort et ceux qui s'en occupent. Tornades. Inondations. Guerres.

Sagittaire: positif, double et de feu. Le clergé. Les diplomates. Les relations internationales. L'import-export. Les multinationales. La magistrature. La haute finance. Sylviculteurs. Vétérinaires. Chasseurs, pêcheurs. Hippisme. Philosophes. Scandales et procès retentissants. Grands incendies.

Capricorne: négatif, cardinal et de terre. La politique et les politiciens, les ministres, les fonctionnaires. Les propriétaires immobiliers et fonciers. Les mines, les carrières. Les gens pauvres. Les gens âgés. Famine, grands froids, avalanches, glissements de terrains, destruction d'immeubles, troubles politiques.

Verseau: positif, fixe et d'air. Révolution et révolutionnaires. Grands syndicats, coopératives, politiciens de droite. Réformes et changements, instabilité. La technique de pointe, l'aviation, les voyages spatiaux, l'informatique. Les marginaux dans la société, les contestataires. Recordman de vitesse. Ouragans.

Poissons: négatif, double et d'eau. La marine et les marins; les navigateurs; la chimie. Les distilleries et l'alcool, les produits pharmaceutiques et les drogues. L'espionnage, les prisons, les hôpitaux, l'assistance sociale. L'occultisme. Brouillards, inondations, intoxications, naufrages.

TRIGONE: Voir « aspect » ci-dessus.

TRANSIT: Passage d'une planète (dans le ciel) — dans un signe zodiacal — ou sur un aspect d'une autre planète.

Appendice

1. Zodiaque et précession des équinoxes

Il y a deux sortes de zodiaques : celui des constellations dont les douze divisions ont une étendue variable, suivant les amas stellaires qui les occupent, et le zodiaque astrologique dont l'origine est constituée par l'intersection de l'écliptique avec l'équateur céleste, et qui est divisé en douze signes égaux de trente degrés chacun.

C'est en 128 avant J.-C. qu'Hipparque découvrit le phénomène de la précession des équinoxes, qui se définit comme une petite variation annuelle dans la position de la ligne d'intersection du plan de l'écliptique et du plan de l'équateur, par suite de laquelle le Soleil revient au même point équinoxial avant d'avoir complété sa révolution apparente par rapport aux étoiles fixes. Ce mouvement s'opère en 25 765 ans, ce qui donne un déplacement de 30 degrés tous les 2 147 ans.

Au temps d'Hipparque, les premiers points des *constellations* du Bélier et de la Balance correspondaient aux *signes* du même nom, au moment des équinoxes du printemps et de l'automne.

Actuellement, la différence est de près de 30 degrés. Néanmoins, l'équinoxe du printemps correspond toujours au premier point du signe du Bélier, le solstice d'été au premier degré du signe du Cancer, l'équinoxe d'automne au premier degré du signe de la Balance, et le solstice d'hiver au premier degré du signe du Capricorne.
(d'après l'Encyclopédie *Quillet*, zodiaque et précession)

2. Astrologie

L'astrologie se définit comme la science des correspondances universelles.

3. Liste des principaux aspects planétaires de 1981 à 2000

1981

JA-FE	♄☌♃	8°-9° ♎
FE	♆✱♇	24° ♐ ♎
MR	♄$_R$☌♃$_R$	8°-7°-6° ♎
JL	♄☌♃	4°-5° ♎
AO	♆$_R$✱♇	22° ♐ ♎
OC-NO	♃☌♇	24°-25° ♎
OC	♃✱♆	22° ♎ ♐

1984

JA	♃☌♆	0° ♑
MR-AV	♇✱♆	1° ♏ ♑
MA	♇✱♆$_R$	0° ♏ ♑
	♄$_R$✱♃$_R$	12°-11° ♏ ♑
JL	♇$_{ST}$✱♆$_R$	29° ♎ ♐

1982

FE-MR	♆✱♇$_R$	26° ♐ ♎
JL-AO	♆$_R$✱♇	24° ♐ ♎
OC	♄✱♆	24° ♎ ♐
NO	♄☌♇	27° ♎ (28°)

1985

JA	♄✱♃	26° ♏ ♑
FE	♃□♇	4° ♒ ♏
AV-MA	♆$_{ST}$✱♇$_R$	3° ♑ ♏
MA-JN	♃$_R$✱♅$_R$	16°-15° ♒ ♐
JL	♆$_R$✱♇$_{ST}$	1° ♑ ♏
	♃$_R$✱♅$_R$	14° ♒ ♐

1983

FE	♃☌♅	8° ♐
MR	♆✱♇$_R$	29° ♐ ♎
MA	♃$_R$☌♅$_R$	7° ♐
JL-AO	♆$_R$✱♇	26° ♐ ♎
SE-OC	♃☌♅	5°-6° ♐

1986

JA	♃✱♅	19°-20° ♒ ♐
MR	♃✱♆	5° ♓ ♑
AV	♇$_R$✱♆$_R$	5° ♏ ♑
	♃□♄	9° ♓ ♐
MA	♇$_R$✱♆$_R$	5° ♏ ♑
JN	♇$_R$✱♆$_R$	4° ♏ ♑
	♃□♅$_R$	20° ♓ ♐
SE	♃□♅	18° ♓ ♐

1987

FE	♃□♅	25° ♓ ♐
AV	♃□♆	7° ♈ ♑
MA	♆✶♇R	7° ♑ ♏
	♃△♄	19° ♈ ♐
JN	♆✶♇	7° ♑ ♏
	♃△♅	24° ♈ ♐
OC	♃△♅	23° ♈ ♐
NO	♃R△♄	20° ♈ ♐

1988

JA	♄☌♅	28° ♐
FE	♄☌♅	29° ♐
MR	♃△♅	0° ♉ ♑
	♃△♄	1°-2° ♉ ♑
AV	♃△♆	10° ♉ ♑
	♃☍♇R	11° ♉ ♏
JN	♄☌♅	29° ♐
	♆R✶♇R	9° ♑ ♏
JL	♄R☌♅R	28°-27° ♐
OC	♄☌♅	27°-28° ♐

1989

FE	♄☌♆	11° ♑
MR	♄☌♆	11°-12° ♑
AV-MA	♄R✶♇R	13° ♑ ♏
JN	♄R✶♇R	12° ♑ ♏
JN-JL	♄R☌♆R	11°-10° ♑
AO	♃☍♅	1° ♋ ♑
SE	♃☍♄	7° ♋ ♑
SE-OC	♃☍♆ST	9°-10° ♋ ♑
NO	♃R☍♆	10° ♋ ♑
	♄☌♆	10° ♑
	♃☍♄	10° ♋ ♑
DE	♃☍♅	5° ♋ ♑

1990

JA	♄✶♇	17° ♑ ♏
MA	♃☍♅R	9° ♋ ♑
JN	♃☍♆R	13° ♋ ♑
	♃△♇R	15° ♋ ♏
JL	♃☍♄R	22° ♋ ♑

1991

MR	♃☍♄	3° ♌ ♒
MA	♃☍♄	6° ♌ ♒
JL	♃□♇	17° ♌ ♏
NO	♃✶♅	10°-11° ♍ ♑

1992

JA	♃△♅	14° ♍ ♑
AV	♅ST☌♆ST	18° ♑
AO	♅R☌♆R	14° ♑
	♃△♅R	15° ♍ ♑
	♃△♆R	16° ♍ ♑
	♃✶♇	20° ♍ ♏
DE	♅☌♆	17° ♑

1993

FE	♅ ☌ ♆	19° ♑
MR	♄ □ ♇R	25° ♒ ♏
AV	♅ ☌ ♆	21° ♑
JN-JL-AO-SE	♅R ☌ ♆R	20°-19°-18° ♑
SE	♃ □ (♅ ☌ ♆)	18° ♎ ♑
OC	♄ □ ♇	23° ♒ ♏
	♃ △ ♄	23° ♎ ♒
OC-NO-DE	♅ ☌ ♆	18°→20° ♑

1994

JA	♄ □ ♇	27° ♒ ♏
AV	♃R △ ♄	10° ♏ ♓
MA-JN	♅R ✶ ♇R	26°-25° ♑ ♏
AO	♃ △ ♄	9° ♏ ♓
OC	♃ ✶ ♆	20° ♏ ♑
NO	♃ ✶ ♅	22°-23° ♏ ♑
DE	♃ ☌ ♇	28° ♏

1995

JA-FE	♃ □ ♄	11°-10°-12°-13° ♐ ♓
AV	♅ ✶ ♇R	0° ♒ ♐
JN	♄ ✶ ♆R	24° ♓ ♑
JL-AO	♅R ✶ ♇	28°-27° ♑ ♏
	♄R ✶ ♆R	24°-23° ♓ ♑
NO	♃ □ ♄	18° ♐ ♓

1996

MR	♅ ✶ ♇ST	3° ♒ ♐
	♄ ✶ ♆	26°-27° ♓ ♑
AV	♄ △ ♇	2° ♈ ♐
MA	♄ ✶ ♅	4° ♈ ♒
SE	♅R ✶ ♇	0° ♒ ♐
OC	♄R △ ♇	1° ♈ ♐
NO	♄R ✶ ♅	1° ♈ ♐

1997

JA	♅ ✶ ♇	4° ♒ ♐
	♃ ☌ ♆	26°-27° ♑
FE (♃☌♅ ✶♄ ✶♇)	♅ ✶ ♇	5° ♒ ♐
	♄ △ ♇	5° ♈ ♐
	♄ ✶ ♅	5°-6° ♈ ♒
	♃ ☌ ♅	6° ♒
	♃ ✶ ♄	3°-4°-5° ♒ ♈
MR	♄ ✶ ♅	7° ♈ ♒
JL	♃R ✶ ♄	20° ♒ ♈
OC-NO-DE	♅ST ✶ ♇	4°-5°-6° ♒ ♐
NO	♃ ✶ ♄R	14° ♒ ♈

1998

JA	♅ ✶ ♇	7° ♒ ♐
MR	♃ □ ♇R	8° ♓ ♐
JL	♄ □ ♆	1° ♉ ♒
OC-NO	♄R □ ♆R	29° ♈ ♑

1999

FE	♃ ⚹ ♆	3° ♈ ♒
MR	♄ □ ♆	3° ♉ ♒
	♃ △ ♇R	10° ♈ ♐
AV	♄ □ ♆	4° ♉ ♒
	♃ ⚹ ♅	16° ♈ ♒
JL	♃ □ ♆R	3° ♉ ♒
	♄ □ ♅	15° ♉ ♒
OC	♃R □ ♆R	1° ♉ ♒
NO	♄ □ ♅	13° ♉ ♒

2000

MR	♃ □ ♆	4° ♉ ♒
AV	♃ ☌ ♄	16° ♉
MA	♃ □ ♅	21° ♉ ♒
JN	♄ □ ♅	21° ♉ ♒
JL	♃ △ ♆	4° ♊ ♒
SE	♃ ☍ ♇	10° ♊ ♐
NO	♃ ☍ ♇	10° ♊ ♐

Table des matières

Bibliographie

G. Antarès, *Ce que l'astrologie peut pour l'humanité*, Éd. Flandre-Artois, Tourcoing — *Les Transits planétaires*, même éditeur.

H. Beer, *Introduction à l'astrologie*, Payot, Paris.

G.L. Brahy, *La bourse subit-elle les influences planétaires*, Éd. Demain, Bruxelles.

F. Brunhbner, *La Nouvelle Planète Pluton*, Éd. du Nouvel humanisme, Embats.

R.G. Chedanne, *Cours élémentaire d'astrologie*, Éd. Stanké, Montréal.

P. Choisnard, *L'Influence astrale*, Éd. Traditionnelles, Paris — *L'Hérédité astrale*, même éditeur.

H. Gouchon, *Dictionnaire astrologique*, Éd. Gouchon, Paris.

Hadès, *Traité d'astrologie*, Éd. du Seuil, Paris.

M. Heindel, *Le Message des astres*, Paris.

J. Hiéroz, *L'Astrologie selon Morin de Villefranche*, Omnium littéraire, Paris.

H. Hirsig, *Les Âges de la Vie*, Éd. Leméac, Montréal — *Guide astrologique des 12 signes du Zodiaque*, Éd. Éclair, Montréal — *Astropsychologie*, Éd. Stanké International, Montréal / Paris — *Solitude*, Éd. Stanké, Montréal — *« Ne bois plus, s'il te plaît » ou vivre avec un alcoolique*, Éd. Libre Expression, Montréal — *Prévoir par l'astrologie (transits — lunaisons — éclipses)*, Éd. de Mortagne, Montréal. En collaboration avec Alain André, *L'An 80*, Éd. Stanké International.

W. Hirsig, *ABC de l'astrologie*, Éd. de l'Arc, Québec — *Destin de l'homme*, même éditeur — *Manuel d'astrologie*, même éditeur.

L. Horicks et H. Michaux, *Traité pratique d'astrologie mondiale*, Éd. des Soirées astrologiques, Bruxelles.

S. Hutin, *Histoire de l'astrologie*, Éd. Marabout.

C. Kerneiz, *Le vrai visage de l'astrologie*, Éd. Tallandier, Paris.

K.E. Kraft, *Traité d'astrologie*, Legrand Éd.

G. Muchery, *Traité des directions*, Paris.

A. Nègre, *Clé du zodiaque*, Éd. Flandre-Artois.

W.E. Peuckert, *L'Astrologie*, Éd. Payot-Paris.

D. Rudhyar, *Astrology of Personality*, Lucis Press, New York.

Dr. de Surany, *Astrologie médicale*, Éd. Cahiers astrologiques, Nice.

W. Tucker, *Principes d'astrologie scientifique*, Éd. Payot, Paris.

J.G. Verdier, *Ce que disent les astres*, Éd. Stock, Paris.

A. Volguine, *Ésotérisme de l'astrologie*, Éd. Dangles, Paris.

Index

L'Étrange fin du XXᵉ siècle
a été composé en caractères
Times Roman 11 points.

Achevé d'imprimer
en octobre mil neuf cent quatre-vingt-un
sur les presses de l'Imprimerie Ch. CORLET
14110 Condé-sur-Noireau
Imprimé en France